Scratch 3.0 编程学
语数英

王广彦　高　龙　王浩羽　编著

中国科学技术大学出版社

内 容 简 介

本书主要针对小学高年级阶段的语文、数学、英语等课程，选取其中便于使用编程实现的学习内容（如国学知识问答、分解质因数、等差数列、英文单词拼写等），利用Scratch编程软件将其转化为生动、形象、有趣的计算机程序，既培养了青少年的编程技能，又加深了青少年对相关课程内容的理解与掌握，最终实现素质教育与课程教育的结合，使编程学习与课程学习相互促进、相互支持、相互补充，为培养具有综合素质的新型人才提供思路。

本书可作为小学高年级信息教育相关课程的教材，也可供青少年在初步学习编程技术时使用。

图书在版编目(CIP)数据

Scratch 3.0编程学语数英/王广彦,高龙,王浩羽编著.—合肥:中国科学技术大学出版社,2020.7

ISBN 978-7-312-04804-3

Ⅰ. S… Ⅱ. ①王… ②高… ③王… Ⅲ. 程序设计—小学—教学参考资料 Ⅳ. G624.583

中国版本图书馆CIP数据核字(2019)第247206号

出版　中国科学技术大学出版社
　　　安徽省合肥市金寨路96号,230026
　　　http://press.ustc.edu.cn
　　　https://zgkxjsdxcbs.tmall.com
印刷　安徽国文彩印有限公司
发行　中国科学技术大学出版社
经销　全国新华书店
开本　710 mm×1000 mm　1/16
印张　12.5
字数　231千
版次　2020年7月第1版
印次　2020年7月第1次印刷
定价　58.00元

前言 PREFACE

当今世界信息化水平日益提高,大数据、互联网、人工智能的产品已渗透到人们日常生活中的方方面面,深刻影响着教育、制造、金融等领域。这就要求未来的社会人才必须具备良好的"信息素养",能够采用信息化技术分析现实问题,解决现实问题。如今,信息化已不再是计算机专家们才需要考虑的事情。

但我们面临着一个不可回避的现实问题:信息化起源于西方发达国家,各种信息化技术往往带有浓厚的西方思维特点,影响了我们学习信息化技术的进程。也就是说,我们在信息化学习方面存在着一定的"先天不足"。为了使我国广大青少年占领信息化技术发展的先机,深度接触看似神秘的计算机编程,本书以素质教育与课程教育的结合为基础,针对小学高年级阶段的学习,深入讲解了Scratch编程软件。Scratch编程软件是一个针对青少年的编程学习平台，其图形化的编程方式能够让使用者快速编写出漂亮的程序，并且不需要输入深奥的代码。学习Scratch编程软件，青少年能够快速了解和掌握编程的基本方法，能够为进一步深入学习其他更为专业的编程软件奠定良好的基础。

本书在编写过程中，秉承了以下教育理念：

（1）将学校课程教育融入编程教育之中，注重青少年综合素质的培养。以学校课程教育为牵引，合理设计编程教学内容，使学生掌握编程技能，同时从信息化角度进一步深化学生对于学校课程内容的理解。

（2）将计算机思维融入课程教学思维之中，注重青少年信息素质的培养。学生通过学校课堂学习可以掌握相关学习内容，而本书从计算机处理速度快、管理数据方便的角度入手，从计算机思维的新视角重新审视课堂学习内容，全方位深化学生对于学校课程内容的理解。

（3）将编程的趣味性与课堂学习的严谨性相结合，注重青少年创新能力的培养。将相对刻板的课堂学习内容转化为生动有趣的计算机程序，不但要求学生对于课堂学习的内容有深刻的理解，还要求学生具有较强的系统规划与设计能力，对于提升学生的创新能力也具有极好的促进作用。

目前已有大量关于Scratch编程软件的图书，通过参考这些图书的编写思路，本书确立了以下编写原则：

（1）不过分强调Scratch编程基础知识，强化Scratch编程技能的提升。本书不再把Scratch编程基础知识作为重点，而将Scratch编程技能的提升作为重点，针对课程学习内容，将较为复杂的数据处理方式通过计算机编程实现，必将极大提升学生的编程技能。

（2）不过多进行编程细节的详述，强化解决问题思路的构建。在学生的Scratch编程基础夯实后，就没有必要再详述编程细节了，一般而言，只要向学生讲清解决问题的思路，就能实现相应程序的编写。

（3）兼顾初学者的学习需求，适当介绍Scratch编程软件的基本操作。本书第1章是专为初学者准备的，根据学生的学习特点，将问题驱动学习与软件模块学习相结合，通过简单的案例使学生快速掌握Scratch编程软件的基本操作方法，并且使案例尽量覆盖Scratch编程软件的所有功能模块。

为方便读者学习，本书提供了下载程序案例的地址。链接为：https://share.weiyun.com/ZqrFY6jn。

前言 / i

起始篇——妈妈的忧虑 / 001

第 1 章 Scratch 功能全接触 / 003

1.1 Scratch 编程软件基本功能简介 / 004
1.2 揭开程序的神秘面纱——Hello,World! / 008
1.3 代码功能使用 / 013
1.4 造型功能使用 / 077
1.5 声音功能使用 / 078
1.6 学习小结 / 079

深化篇——学习的方法 / 081

第 2 章 编程与语文 / 083

2.1 "幽默轻松"小话剧 / 084
2.2 "学识渊博"问与答 / 091
2.3 "支离破碎"找成语 / 096
2.4 "规规矩矩"学写字 / 099

第 3 章 编程与数学 / 107

3.1 "任劳任怨"算阶乘 / 107
3.2 "屡败屡战"算排列 / 116
3.3 "暴力破解"判质数 / 126
3.4 "分毫不差"绘图形 / 140
3.5 "运筹帷幄"大数据 / 151

第 4 章 编程与英语 / 161

4.1 "轻轻松松"拼单词 / 163
4.2 "随心所欲"点读机 / 185

结束篇——学习的收获 / 191

起始篇——妈妈的忧虑

浩浩是一名即将跨入六年级的小学生,浩浩的爸爸是一名计算机软件开发工程师。一个月前,爸爸教浩浩学会了Scratch编程软件的使用方法,浩浩居然也能开发一些有趣的小游戏了,感觉酷极了。

可是有一天,爸爸看到浩浩闷闷不乐……

爸爸:"儿子,怎么了?看你有些不开心。"

浩浩:"爸爸,刚才妈妈说,我马上就上六年级了,需要做些升初中的准备。妈妈不想让我继续学习Scratch编程了。"

爸爸沉思道:"哦!妈妈说得有道理,这两天妈妈也和我唠叨过这个问题。"

浩浩着急了,道:"怎么,难道你也不让我学习Scratch编程了?这可是你教我的呀,你还说学习编程会让孩子变得越来越聪明!"

爸爸连忙说:"你别急呀,我不是这个意思,让我好好想想……"

浩浩噘着嘴,目不转睛地盯着爸爸。

过了一会儿,爸爸突然兴奋地说:"有办法了。妈妈不是担心学习编程影响学习吗,我们就证明给她看,学习编程不但不会影响学习,而且还会促进学习!"

浩浩有点困惑,道:"这怎么证明呀?爸爸你别吹牛呀!"

爸爸得意地说:"以后,我们就选择课本上的内容学习编程,将你们课本上的内容通过编程的方式学会。既编程,又学习,一箭双雕呀!"

浩浩高兴地蹦了起来,道:"果然是个好主意,看妈妈还敢说编程影响学习吗。"

爸爸说:"好,我们现在就开始准备,看看能把哪些学习内容转化为计算机程序。"

第1章
Scratch功能全接触

浩浩:"爸爸,我们今天就开始实施我们的计划吧!"

爸爸:"先别急,要把课本学习内容转化为计算机程序,可不是一件简单的事情,你还需要对Scratch编程软件做一个全面的学习。对Scratch功能掌握得越多,也就越能更好地设计程序。"

浩浩:"别啰嗦了,快开始吧!"

爸爸:"我们首先学习一下Scratch编程软件的基本功能。"

学习提示:如果同学们是第一次接触Scratch编程软件,请务必认真学习本章内容,并且按顺序逐节学习。正所谓:一步赶不上,步步赶不上。为节约篇幅,前面提到的学习内容,后面将不再重复。

学习建议:可采用两阶段学习法。

阶段1:"鹦鹉学舌"。先把第1章内容从头到尾学习一遍,并能够根据书中提示将案例中的程序编写出来,就像"鹦鹉学舌"。在这个阶段不强求深入理解书中内容。

阶段2:"温故知新"。经过阶段1后,我们能够大概掌握Scratch编程软件的使用方法,但理解还不够深刻。这时再重读第1章,温故而知新,绝对会有新的收获和理解。经过阶段2后,我们就能熟练使用Scratch编程软件了。

1.1 Scratch编程软件基本功能简介

Scratch编程软件的主界面如图1.1所示,包括程序运行界面、主功能切换标签区、代码功能面板区、背景区、角色区、代码功能模块区、编程区。

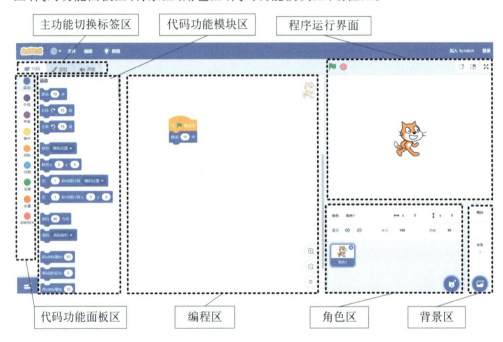

图1.1 Scratch编程软件的主界面

(1) 程序运行界面

程序编写完成后的实际运行效果在"程序运行界面"中体现出来,用户接触到的也是这个界面。除了体现程序运行效果外,在"程序运行界面"中也可手工调整各程序要素的位置,如角色、变量、列表等(这些内容后面会讲到)。

(2) 角色区

用于创建、制作程序运行界面中的角色。角色是实现Scratch编程的核心元素,大部分程序都要依附于相应的角色进行编写。一个程序中可以创建多个角色,所有角色都会在角色区罗列出来。

可通过鼠标点击的方式选中某个角色,选中的角色周围会出现一蓝色的粗边框,此时可针对选中的角色进行程序编写、造型编辑、声音编辑。

(3) 背景区

用于创建、制作程序运行界面中的背景,在背景中也可以编写相应的程序。可通过鼠标点击的方式选中背景,此时可针对选中的背景进行程序编写、背景编辑、声音编辑。

(4) 主功能切换标签区

Scratch编程软件的主要功能包括3类,分别是代码功能、造型功能、声音功能。

① 代码功能:Scratch编程软件的核心功能,编写程序主要依靠代码功能,代码功能提供了大量的控制程序运行的功能模块。

② 造型功能:主要用于塑造角色的外观,程序开发者可利用造型功能提供的图形编辑功能,创作出符合编程要求的角色形象。

③ 声音功能:主要用于制作声音片段,可将声音片段进行分割和组合,使程序具有良好的音响效果。

鼠标点击不同的功能标签,代码功能面板区、代码功能模块区、编程区会显示出不同的内容。

图1.1中显示的是鼠标点击"代码"标签后的界面。代码功能是Scratch编程软件的核心功能,编写程序主要依靠代码功能,代码功能提供了大量的控制程序运行的代码功能模块。

鼠标点击"造型"标签后的界面如图1.2所示。造型功能主要用于塑造角色的外观以及程序的背景,程序开发者可利用造型功能提供的图形编辑功能,创作出符合编程要求的角色形象和程序背景。

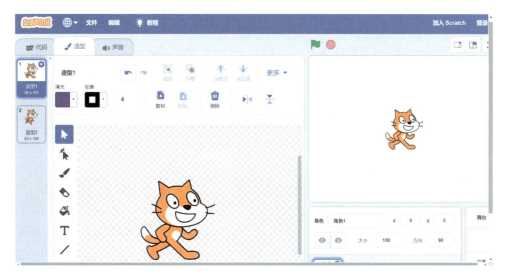

图1.2　Scratch编程软件的造型功能界面

鼠标点击"声音"标签后的界面如图1.3所示。声音功能主要用于制作声音片段,可将声音片段进行分割和组合,使程序具有良好的音响效果。

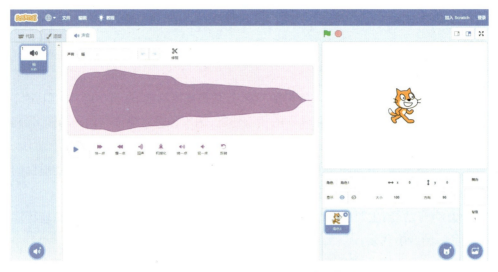

图1.3　Scratch编程软件的声音功能界面

(5) 代码功能面板区

图1.1中的代码功能面板区显示的是鼠标点击"代码"标签后的界面,当点击"造型"或"声音"标签后,该区域会有不同的显示内容(如图1.2和图1.3所示),具体区别后面会进一步讲解。在代码功能面板区中提供了大量的代码功能面板,可满足常见的编程需求:

① 运动面板:用于控制角色的位置、运动方式。

② 外观面板:用于控制角色的说话内容、造型切换、形状大小、显示特效。

③ 声音面板:用于控制角色的声音播放、音效。

④ 画笔面板:用于控制角色的绘图方式,实现不同图形的绘制,需要从扩展面板中添加,初始状态不显示画笔画板。

⑤ 变量面板:用于创建变量和列表,变量可以存放1个数据,列表可以存放多个数据,该面板还提供了对于变量和列表的常用操作功能。

⑥ 事件面板:用于创建针对各种事件的响应程序,包括键盘响应事件、点击角色响应事件、消息响应事件等。

⑦ 控制面板:用于控制程序运行流程,包括程序等待、循环执行、逻辑判断、角色克隆等控制功能。

⑧ 侦测面板:用于探测角色在程序运行过程中所遇到的各种信息,包括角色

碰到的颜色、键盘按下按键的类型、鼠标位置、用户输入字符等信息。

⑨ 运算面板：提供常规的代数运算和逻辑运算功能。

⑩ 自制积木面板：用于程序开发者自己定制一些功能模块。

学习提示： 选中背景时呈现出的代码功能面板区与选中角色时的情况相同，但每个代码功能面板中所包含的代码功能模块有所不同。总体来说，针对背景的代码功能模块数量要少很多。

大部分代码功能面板区中的代码功能模块都设有凸起或凹坑，一个模块中的凸起可以插入到另一个模块中的凹坑中，表示这两个模块可进行组合，只有组合到一起的模块才能按顺序执行。当使用鼠标左键点击某个代码功能模块后，按住左键不放松，便可拖曳该模块移动，当一个模块的凸起与另一个模块的凹坑非常接近时，这两个模块就会自动吸附并组合在一起，代码功能模块组合过程如图1.4所示。

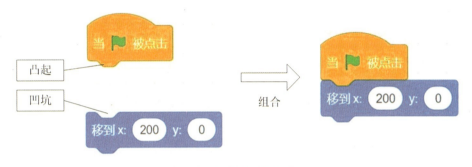

图1.4　代码功能模块组合

（6）编程区

这是Scratch编程软件中的核心区域，程序开发者的编程工作主要在该区域展开。程序开发者可将相关功能模块直接拖入编程区，并按程序执行顺序依次进行连接，便可形成满足功能要求的程序。

学习提示： 读完这一节内容，估计大家会感到气愤："你说这些有什么用呀？我还没看到程序的半点影子呢！"哈哈，不用担心，有这种感觉很正常。不管学习什么，总得先经历这么一个困惑阶段呀。打起精神吧！我们马上就要开始学习编程啦。

1.2 揭开程序的神秘面纱——Hello,World!

对编程初学者来说,"Hello,World!"程序是一个非常重要的程序,同时又是一个非常简单的程序。"Hello,World!"程序指的是只在计算机屏幕上输出"Hello,World!"(意为"世界,你好!")这行字符串的计算机程序。一般来说,这是一种最基本、最简单的程序,通常是初学者所编写的第一个程序。在接触更多的编程语言后,我们就会发现"Hello,World!"程序往往是要学习的第一个程序,这也算是编程界的一种文化吧!

我们也从"Hello,World!"程序开始,学习Scratch编程吧!通过这个"Hello,World!"程序,大家将初步掌握Scratch编程方法,揭开笼罩在程序上的神秘面纱。"Hello,World!"程序的运行效果是这样的,点击"程序运行界面"中的"旗子"按钮,小猫将会说出"Hello,World!",如图1.5所示。下面我们就来学习"Hello,World!"程序的编写方法。

图1.5 "Hello,World!"程序运行效果

步骤1:打开Scratch编程软件

建议采用在线编程方式进行编程,这样电脑上就不用安装Scratch编程软件了,操作起来较为简便,当然这需要让电脑联网。在浏览器(建议使用谷歌浏览器)地址栏中输入"https://scratch.mit.edu/",便会进入Scratch门户网站,如图1.6所示。

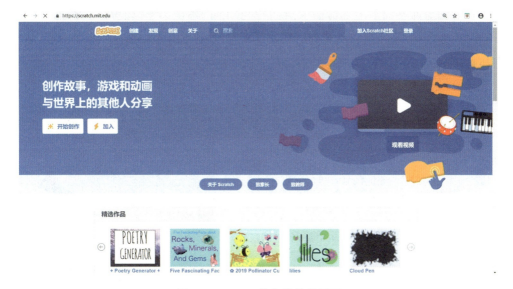

图1.6　Scratch编程软件的界面

鼠标点击网页上的"开始创作"按钮,将会打开Scratch编程软件,如图1.7所示。其中还包括一个教程窗口,提供了一些简单的教学案例,便于初学者自学。如果同学们不需要自学,把教程窗口关掉就可以了。

图1.7　打开Scratch编程软件

第一次使用Scratch编程软件时,界面往往是英文的。如果不喜欢英文界面,我们可以将界面切换为中文。点击菜单栏位置处的地球形状按钮,将会出现语言列表。在语言列表的顶部有一个"向上"箭头、底部有一个"向下"箭头。语言列表中如果没有出现"简体中文"列表项,可将鼠标移到"向上"箭头或"向下"箭头位置处,语言列表便会向上滚动或向下滚动,直至出现"简体中文"列表项。点击"简体中文"列表项,Scratch编程软件便会切换为中文状态,如图1.8所示。

图1.8　将Scratch编程软件切换为中文状态

每次打开Scratch编程软件,都会自动提供一个小猫形状的角色和一个空白背景,如图1.9所示。在默认状态下,"角色区"中的小猫角色是被选中的,当角色处于选中状态时,角色周围会出现一蓝色的粗边框,此时可针对角色小猫进行编程。也就是说,选中哪个角色或背景,就可以为哪个角色或背景编写程序。

图1.9　Scratch编程软件自动提供的角色和背景

学习提示：角色是Scratch程序中最为重要的概念，程序编写工作主要针对的就是角色，通过控制角色的行为，以表现程序要实现的功能。"Hello,World！"程序就是针对角色小猫编写的。

步骤2：编写程序

编写Scratch程序非常简单，需要使用哪个代码功能模块，就将该代码模块拖入"编程区"即可。"Hello,World！"程序使用了2个代码功能模块，分别是事件面板中的"当'旗子'被点击"模块和外观面板中的"说话"模块。

学习提示：为了使用代码功能模块，可按照"代码"标签→代码功能面板区→代码功能模块顺序依次点击，便可选中程序开发者所需的代码功能模块，然后按住鼠标左键，将选中的代码功能模块拖到编程区即可。在编程区，可用鼠标拖曳方式调整代码功能模块的位置，并进行模块拼装。

首先将鼠标移到"代码功能模块区"，在模块上方点击鼠标左键，并按住不放，然后将鼠标移到"编程区"合适位置处松开鼠标，该模块便被添加到程序中了，如图1.10所示。

图1.10　将代码功能模块由"代码功能模块区"拖曳到"编程区"

学习提示：代码功能模块放在哪里呢？代码功能模块可以放到背景或角色中，我们在背景区选中相应的背景，或在角色区选中相应的角色，就可以在编程区拼装Scratch程序了，并且这些程序隶属于选中的背景或角色，用于控制选中背景或角色的动作及行为。

然后按照程序运行顺序，将"说话"模块和"当'旗子'被点击"模块拼装在一起，如图1.11所示。

图1.11 拼装代码功能模块

具体拼装过程是:用鼠标左键点击"说话"模块,并按住鼠标左键不放,然后移动鼠标,同时"说话"模块也随之移动,使"说话"模块的凹坑靠近"当'旗子'被点击"模块的凸起,当二者充分接近时,便被自动吸附到一起,从而完成模块的拼装过程。当然,移动"当'旗子'被点击"模块进行拼装,效果也是一样的。

学习提示: Scratch的编程过程类似于搭积木,每个代码功能模块就相当于一块积木,把众多代码功能模块"积木"拼装到一起,就构成了Scratch程序。

如果感觉编程区的代码功能模块过大或过小,看着不舒服,可以点击"编程区"中"程序缩放按钮区"中的相关按钮,实现代码功能模块的缩小或放大显示。

最后,鼠标点击进入"说话"模块中的白色可编辑区域,将其中的文字修改为"Hello,World!",便完成了"Hello,World!"程序的编写,如图1.12所示。

图1.12 修改"说话"模块中的文字

步骤3:运行程序

点击程序运行界面中的"旗子"按钮,小猫将会说出"Hello,World!",如图1.13所示。

图1.13 运行程序

至此,Scratch版的"Hello,World!"程序就编写完成了。

1.3 代码功能使用

爸爸:"学完'Hello,World!'程序后,意味着我们已经跨入Scratch编程的大门了。接下来,我们开始深入学习Scratch编程。"

爸爸接着说:"我们先从代码功能开始学起,Scratch编程主要就体现为这些代码功能的灵活运用。"

浩浩:"代码功能太多了,虽然我已经掌握了一些代码功能的使用方法,但还有很多代码功能根本没有用过。"

爸爸:"你才学了几天呀!别着急,我设计了很多短小的程序案例,这些程序案例基本上涵盖了所有的代码功能。你把这些案例都吃透了,可以说就完全掌握代码功能了。"

浩浩两眼充满了期待。

学习提示:本节设计了很多短小的程序案例供大家学习,这些程序基本上涵盖了Scratch编程软件中的所有代码功能模块。正所谓:麻雀虽小,五脏俱全。

1.3.1 运动面板使用

运动面板集成了控制角色移动的相关代码功能模块,运动面板中的模块都是蓝色的。

(1) 小猫走路

难度系数:★☆☆☆☆

学习重点: 运动面板中的"移到xy"模块、"面向方向"模块、"滑行"模块、"向左旋转"模块、"向右旋转"模块,以及事件面板中的"当旗子被点击"模块,如图1.14所示。

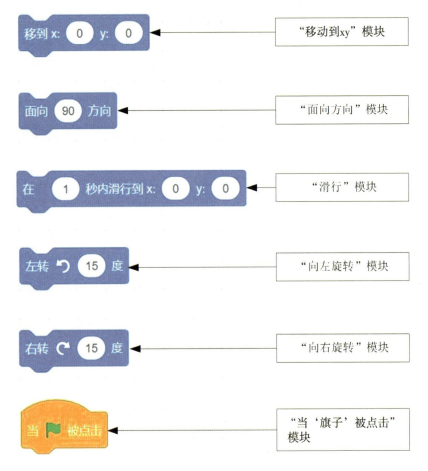

图1.14 小猫走路程序学习重点

编程目标: 控制程序中的小猫按一定轨迹移动,并且在移动过程中不断调整方向,使小猫方向与移动方向始终保持一致,如图1.15所示。

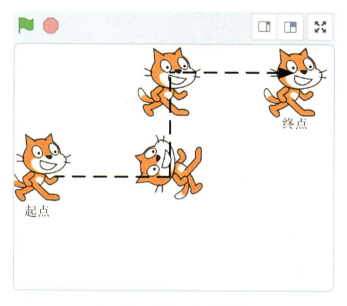

图1.15 小猫按一定轨迹移动

程序编写如图1.16所示。

学习提示：当打开Scrach编程软件时，将会进入编程的初始状态。Scrach编程软件会自动提供一个造型为小猫的角色，并且位于程序运行界面的中心位置。当然，也可采用鼠标拖曳的方式手动调整小猫在程序运行界面中的位置。我们用鼠标点击小猫后，就可以在编程区编写相应的程序了。

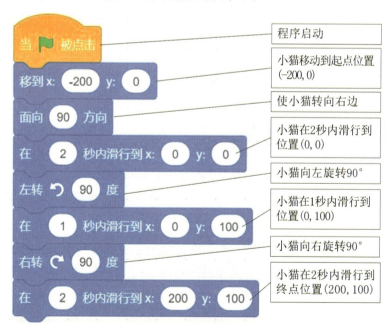

图1.16 小猫走路程序

在该程序中主要使用了运动面板中的下列模块：

① "移到xy"模块：将角色移动到(x,y)位置，x、y的数值可在该模块中直接设置。

② "面向方向"模块：调整角色的朝向，既可以通过拖动表盘的方式选择，也可以直接输入角度值，角色根据角度值，会调整相应的朝向。角度的含义如图1.17所示，每个角色都含有一条方向轴，该方向轴与y轴正方向的夹角即为调整的角度。

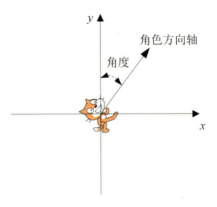

图1.17 "面向方向"模块中角度的含义

③ "滑行"模块：将角色从当前位置直线移动到模块中所确定的(x,y)位置，并且按模块中所设定的时间长度进行动态移动，可形成动态的滑行效果。

④ "向左旋转"模块：以角色当前方向轴为基准，向左旋转一定的角度值，如图1.18所示。

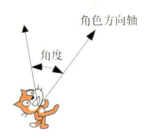

图1.18 "向左旋转"模块中角度的含义

⑤ "向右旋转"模块：以角色当前方向轴为基准，向右旋转一定的角度值，其作用与"向左旋转"相同，只不过旋转方向相反。

除上述运动面板中的模块外，本程序还使用了事件面板中的"当'旗子'被点击"模块，当点击程序运行界面中的旗子按钮后，角色中所有连接在"当'旗子'被点击"模块后的指令都将被执行。这是一个用途非常广泛的模块，几乎编写任何程序都要使用这个模块。

程序编写完毕后,点击程序运行界面中的"旗子"按钮,程序开始运行,点击圆形按钮,程序终止运行,如图1.19所示。

图1.19　程序运行和终止

思考题1："面向方向"模块与"向左(右)旋转"模块的区别是什么?

提示："面向方向"模块旋转的角度是以界面中的 y 轴为基准的,而"向左(右)旋转"模块旋转的角度是以角色的方向轴为基准的。

思考题2："向左旋转"模块与"向右旋转"模块的功能是否重复?

提示：有时这两个模块的功能是可以互相代替的,如"向左旋转15度"和"向右旋转-15度"含义完全相同。

(2) 鼠标拖曳小猫

难度系数:★☆☆☆☆

学习重点:运动面板中的"移到目标"模块,以及控制面板中的"无限重复执行"模块,如图1.20所示。

编程目标:使角色位置始终与鼠标位置保持一致,鼠标移动时,角色也随之移动。程序编写如图1.21所示。

在该程序中主要使用了运动面板中的"移到目标"模块,角色位置始终与目标位置保持一致,但在本程序中,要求角色位置与鼠标指针位置一致。除上述运动面板中的模块外,本程序还使用了控制面板中的"无限重复执行"模块,即不停地执行位于该模块中的指令,除非点击程序运行界面中的停止按钮强制终止程序。

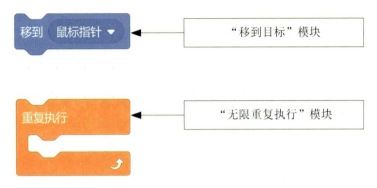

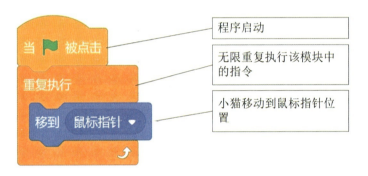

图1.20　鼠标拖曳小猫程序学习重点

图1.21　鼠标拖曳小猫程序

思考题:"移到目标"模块除可将角色移到鼠标指针位置外,还可将角色移到哪些目标位置处?

提示:还可将本角色移到其他角色目标位置处,当然首先需要创建其他角色,然后点击"移到目标"模块中的下拉箭头,选中作为目标的角色即可。

(3) 小猫上坡

难度系数:★☆☆☆☆

学习重点:运动面板中的"将x坐标设为"模块、"将y坐标设为"模块、"将x坐标增加"模块、"将y坐标增加"模块,如图1.22所示。

编程目标:首先将角色设定在(0,0)位置处,然后小猫沿斜线向右上方移动,程序运行界面如图1.23所示。

程序编写如图1.24所示。

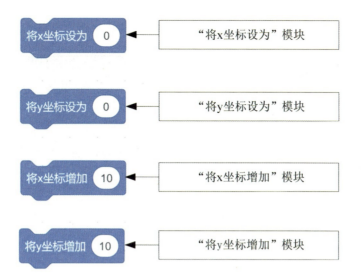

图1.22 小猫上坡程序学习重点

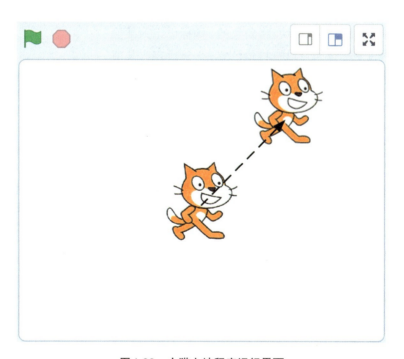

图1.23 小猫上坡程序运行界面

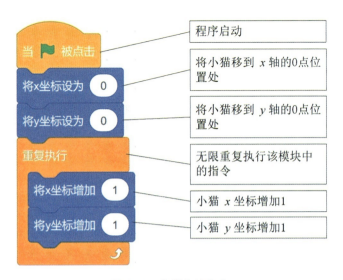

图1.24 小猫上坡程序

在该程序中主要使用了运动面板中的下列模块：

① "将x坐标设为"模块：将角色的x坐标设定为某值。
② "将y坐标设为"模块：将角色的y坐标设定为某值。
③ "将x坐标增加"模块：以角色当前的x坐标为基准，将x坐标增加一定数值。
④ "将y坐标增加"模块：以角色当前的y坐标为基准，将y坐标增加一定数值。

思考题1："将x坐标设为"模块和"将y坐标设为"模块的功能还可采用哪些其他功能模块实现类似的功能？

提示：可尝试使用"移到xy"模块。

思考题2：在本程序中，小猫沿着45度方向向右上方移动，能否改变坡的斜度？

提示："将x坐标增加"模块和"将y坐标增加"模块的共同作用决定了小猫上坡的斜度，二者相等时形成45度斜坡；当"将x坐标增加"模块的数值大于"将y坐标增加"模块的数值时，坡度较小；当"将x坐标增加"模块的数值小于"将y坐标增加"模块的数值时，坡度较大。

(4) 向着鼠标前进

难度系数：★☆☆☆☆

学习重点：运动面板中的"旋转方式设定"模块、"面向目标"模块、"移动步数"模块、"x坐标"模块、"y坐标"模块、"方向"模块，以及变量面板中的"变量设定"模块，如图1.25所示。

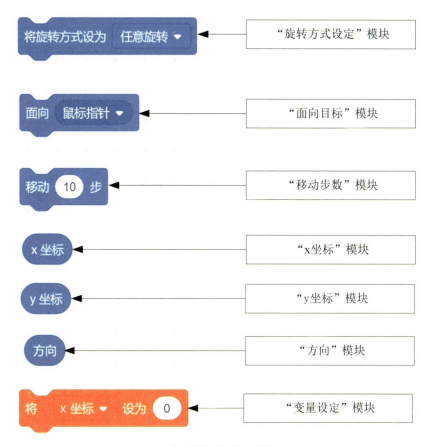

图1.25 向着鼠标前进程序学习重点

其中"变量设定"模块在变量创建之前是不出现的,只有在变量创建以后才会出现在代码功能模块区。可使用变量面板中的"新建变量"按钮创建一个变量,当点击"新建变量"按钮后,会弹出一个新建变量对话框,程序开发者可输入变量的名称,单击确定后可生成一个变量,该变量便显示在代码功能模块区,如图1.26所示。

通过点击变量左侧的勾选框可设定变量显示状态,不勾选时变量隐藏不显示,勾选时变量显示在程序运行界面中,也可采用鼠标拖曳的方式调整变量在程序运行界面中的位置,如图1.27所示。

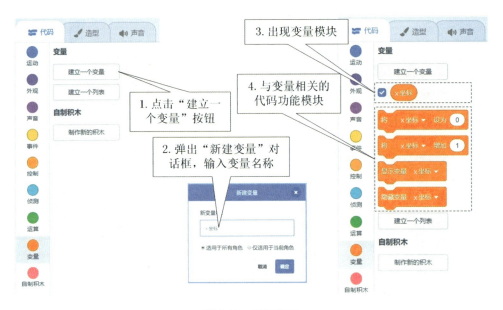

图1.26 创建变量

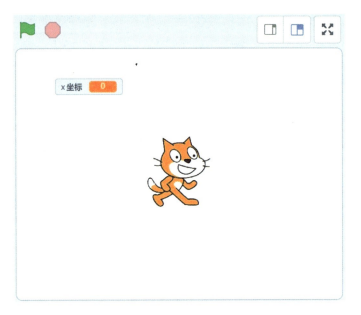

图1.27 创建的变量显示在程序运行界面中

采用上述变量创建方法,本程序创建了"x坐标""y坐标""方向"3个变量,并设定为显示状态,如图1.28所示。

图1.28 创建的3个变量

编程目标：不管鼠标如何移动，使小猫始终面向鼠标的位置，并向鼠标位置不断靠近，在程序运行界面的左上方显示小猫当前的 x 坐标、y 坐标和方向。程序运行界面如图1.29所示。

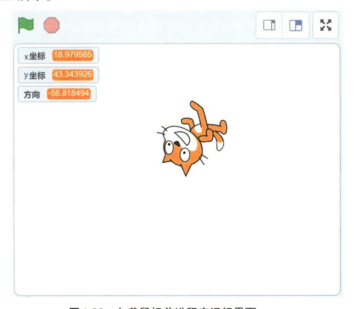

图1.29 向着鼠标前进程序运行界面

程序编写如图1.30所示。

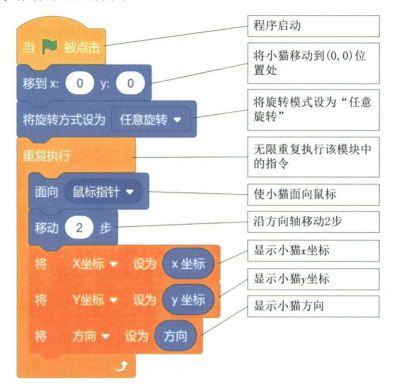

图1.30　向着鼠标前进程序

在该程序中主要使用了运动面板中的下列模块：

① "旋转方式设定"模块：调整角色的旋转方式，本程序将角色的旋转方式设定为"任意旋转"，除此之外，该模块还含有"左右翻转"和"不可旋转"其他两种方式。

② "面向目标"模块：调整角色的朝向，使角色面向特定的目标，在本程序中，要求角色面向鼠标指针位置。

③ "移动步数"模块：角色沿其方向轴方向移动若干步，本程序设定为每次移动2步。

④ "x坐标"模块：用于返回角色当前的x坐标值，该值由软件自动计算得到，不可手工调整。

⑤ "y坐标"模块：用于返回角色当前的y坐标值，该值由软件自动计算得到，不可手工调整。

⑥ "方向"模块：用于返回角色当前的方向值，该值由软件自动计算得到，不可手工调整。

除上述运动面板中的模块外,本程序还使用了变量面板中的"变量设定"模块,利用"变量设定"模块为变量"x坐标""y坐标""方向"赋予相应的数值。

思考题1:"面向目标"模块除可将角色面向鼠标指针位置外,还可将角色面向哪些目标位置处?

提示:还可将本角色面向其他角色目标位置处,当然需要首先创建其他角色,然后点击"面向目标"模块中的下拉箭头,选中作为目标的角色即可。

思考题2:本程序采用"移动步数"模块实现了角色动态移动功能,还可采用哪些其他功能模块实现类似功能?

提示:可尝试使用"滑行"模块。

(5) 小猫左右碰壁

难度系数:★☆☆☆☆

学习重点:"碰到边缘就反弹"模块,如图1.31所示。

图1.31 小猫左右碰壁程序学习重点

编程目标:首先将小猫设定在(0,0)位置处,然后小猫向右移动,碰到程序运行界面右边缘后,小猫扭转方向向左移动,碰到程序运行界面左边缘后,小猫扭转方向向右移动,不停地循环往复左右移动。程序运行界面如图1.32所示。

在该程序中主要使用了运动面板中的下列模块:

① "旋转方式设定"模块:将角色的旋转方式设定为"左右翻转",这样角色在碰到程序运行界面的边缘后,就会左右翻转。

② "碰到边缘就反弹"模块:使用该模块后,当角色碰到程序运行界面的边缘时,角色就会反弹,反弹的效果受到"旋转方式设定"模块的影响。

思考题:"旋转方式设定"模块可设置"任意旋转""左右翻转""不可旋转"3种模式,区别在哪里?

提示:3种方式可实现不同的旋转方向,"任意旋转"可使角色转向任意方向,"左右翻转"可使角色左右翻转,"不可旋转"可固定角色的方向。

程序编写如图1.33所示。

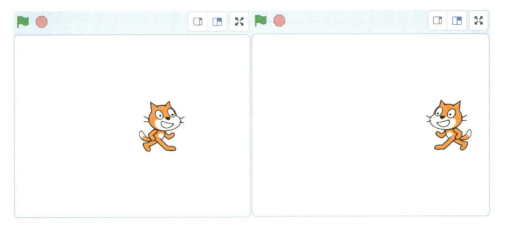

(a) 小猫向右移动　　　　　　　(b) 小猫碰到右边缘后扭转方向向左移动

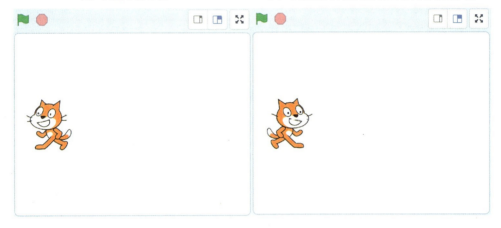

(c) 小猫向左移动到左边缘　　　(d) 小猫碰到左边缘后扭转方向向右运动

图1.32　小猫左右碰壁程序运行界面

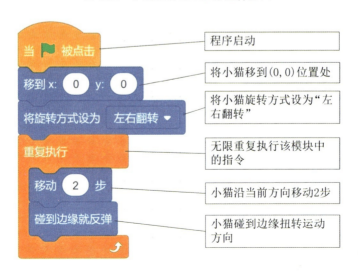

图1.33　小猫左右碰壁程序

浩浩:"运动面板中的功能模块真是太好玩了!"

爸爸:"的确是这样,运动面板提供了很多控制角色运动方式的功能模块,能够让角色实现各种各样的运动方式。那我问问你,运动面板中的代码功能模块适合编写哪些程序?"

浩浩不屑地说:"简单!最适合编写人物闯关和塔防方面的游戏了。"

爸爸:"没错。但为了能让角色产生有趣的运动效果,除了需要掌握运动面板中代码功能模块的使用方法外,还需要我们掌握与坐标和角度有关的数学知识。"

爸爸停顿了一下,道:"不懂得坐标的知识,我们就不会设置'移到xy''将x坐标设为''将y坐标设为'等模块中的参数;不懂得角度的知识,我们就不会设置'向右旋转''向左旋转'等模块中的参数。"

1.3.2 外观面板使用

外观面板集成了控制角色显示状态的相关功能模块,外观面板中的模块都是紫色。

(1) 大变活人

难度系数:★☆☆☆☆

学习重点:外观面板中的"显示"模块、"隐藏"模块、"思考"模块、"持续思考"模块、"说话"模块、"持续说话"模块,以及控制面板中的"等待"模块,如图1.34所示。

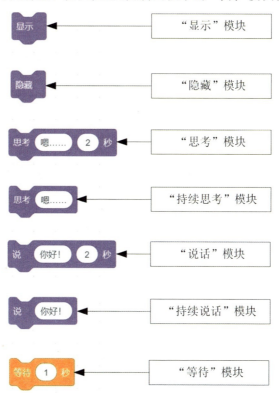

图1.34　大变活人程序学习重点

编程目标： 使小猫一会儿隐藏，一会儿显示，在隐藏和显示两种状态之间不停切换。程序运行界面如图1.35所示。

(a) 小猫思考　　　　　　　　(b) 小猫说话

(c) 小猫说要隐身　　　　　　(d) 小猫隐身了

(e) 小猫显形了

图1.35　大变活人程序运行界面

程序编写如图1.36所示。

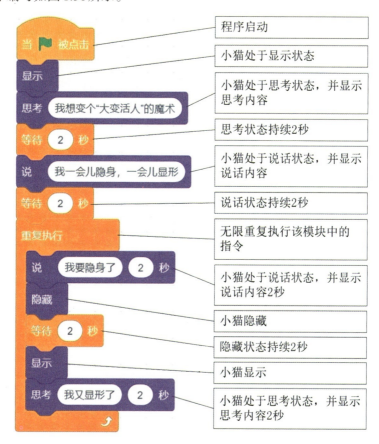

图1.36 大变活人程序

在该程序中主要使用了外观面板中的下列模块：

① "显示"模块：将角色调整为显示状态，此时角色可见。

② "隐藏"模块：将角色调整为隐藏状态，此时角色不可见。

③ "思考"模块：角色通过思考方式显示出设定的思考内容，此时的思考状态不具有可持续性，很快会被后面功能模块中的指令所清除。

④ "持续思考"模块：角色通过思考方式显示出设定的思考内容，此时的思考状态具有可持续性，会按模块中设定的时间持续一段时间。

⑤ "说话"模块：角色通过说话方式显示出设定的说话内容，此时的说话状态不具有可持续性，很快会被后面功能模块中的指令所清除。

⑥ "持续说话"模块：角色通过说话方式显示出设定的说话内容，此时的说话状态具有可持续性，会按模块中设定的时间持续一段时间。

除上述外观面板中的模块，本程序还使用了控制面板中的"等待"模块，即程序运行到"等待"模块时,将按模块中设定的时间暂停一段时间,时间过后,再执行后面功能模块中的指令。

思考题: "思考"模块和"说话"模块的应用场合有何不同?

提示: 用于塑造角色的不同状态,"思考"模块用于展现角色的思考状态,"说话"模块用于展现角色的说话状态,在开发具有故事情节的程序时经常使用这些功能模块。

(2) 穿越空间

难度系数:★★☆☆☆

学习重点: 外观面板中的"造型切换"模块、"背景切换"模块、"下一个造型"模块、"背景名称"模块、"造型编号"模块,如图1.37所示。

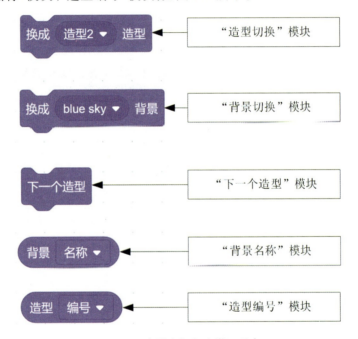

图1.37　穿越空间程序学习重点

为了体现上述代码功能模块的运行效果,需要使用角色造型和背景2种资源。

只有角色造型的数量超过1个时,才能实现造型切换功能。对于每一个角色,可设置多个造型,如对于系统默认的小猫,当点击"造型"标签时,将会显示出小猫所含有的2个造型,如图1.38所示,处于造型编辑功能时,可添加、删除、修改小猫的各种造型。

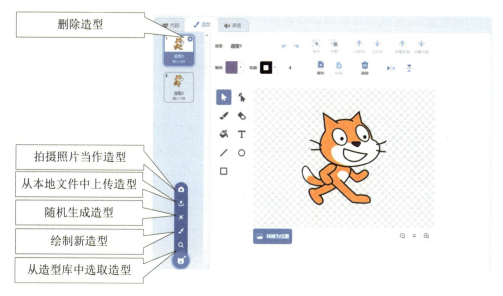

图1.38 小猫的多个造型

程序也可以设置多个背景,当点击"背景区"中的背景后,"主功能切换标签区"中的"造型"将会切换为"背景"标签,点击"背景"标签后将会进入背景编辑界面,如图1.39所示。本程序从Scratch编程软件背景库中随意选择了2个背景,并删除了空白背景。处于背景功能时,可添加、删除、修改程序中的各个背景,具体操作方法与"造型"完全相同。

图1.39 程序中的多个背景

编程目标：使该程序中的小猫处于行走状态，并且在其行走过程中程序的背景不停变换，以展现穿越空间的效果，同时在程序运行界面的左上方设置2个变量分别显示小猫的造型序号和背景名称。程序运行界面如图1.40所示。

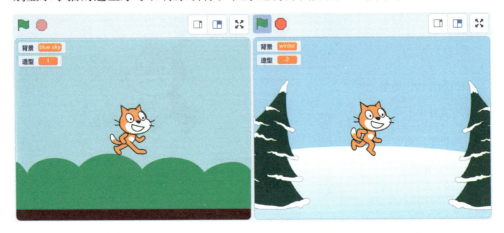

（a）小猫在背景"blue sky"下行走　　　（b）小猫在背景"winter"下行走

图1.40　穿越空间程序运行界面

程序编写如图1.41所示。

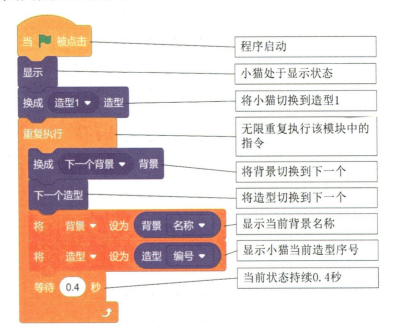

图1.41　穿越空间程序

由于不停地切换背景和造型，因此形成了小猫行走的动画效果。

在该程序中主要使用了外观面板中的下列模块：

①"造型切换"模块:将角色的造型切换到某个造型,不同造型是按序号排列的。

②"背景切换"模块:将程序的背景切换到某个背景,背景既可以按名称排列,也可以按顺序逐个切换。

③"下一个造型"模块:将角色的造型切换为下一个。

④"背景名称"模块:用于返回程序当前使用背景的名称,该值由软件自动计算得到,不可手工调整。

⑤"造型编号"模块:用于返回角色当前使用造型的序号,该值由软件自动计算得到,不可手工调整。

除上述外观面板中的模块外,本程序还使用了变量面板中的"新建变量"功能。本程序新建了"背景"和"造型"2个变量,设定为显示状态,并利用"变量设定"模块给上述2个变量赋予相应的数值。

思考题:角色造型和程序背景在编程的过程中有什么作用?

提示:可形成富于变化的角色造型和程序背景,增强程序的舞台效果。

(3)哈哈镜

难度系数:★☆☆☆☆

学习重点:外观面板中的"清除图形特效"模块、"特效设定"模块、"设定角色大小"模块、"增加角色大小"模块、"特效增加"模块、"大小"模块,如图1.42所示。

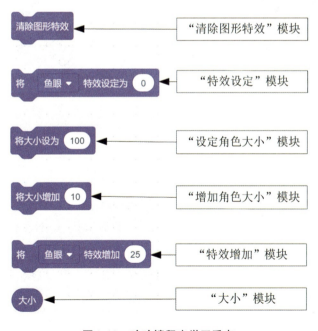

图1.42 哈哈镜程序学习重点

编程目标： 为小猫添加"鱼眼"特效，以产生变形的有趣效果，类似于照哈哈镜，在小猫变形的过程中小猫尺寸也在逐渐变大，并且在程序运行界面的左上方设置1个变量显示小猫的大小。程序运行界面如图1.43所示。

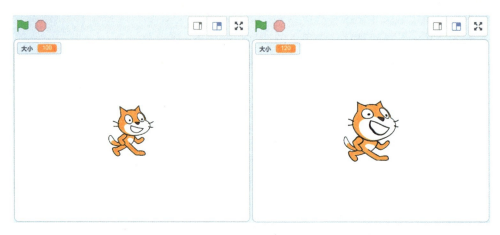

（a）小猫初始状态　　　　　　（b）小猫大小为120时的变形效果

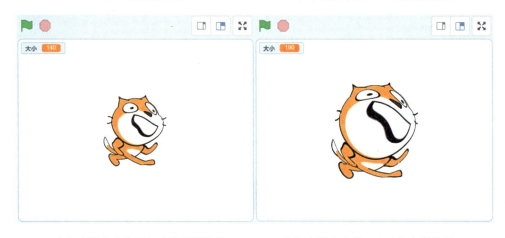

（c）小猫大小为140时的变形效果　　　（d）小猫大小为190时的变形效果

图1.43　哈哈镜程序运行界面

程序编写如图1.44所示。

在该程序中主要使用了外观面板中的下列模块：

① "清除图形特效"模块：将角色恢复到原始显示状态，不含有任何图形特效，但不能恢复图形原始尺寸。

② "特效设定"模块：设定角色的图形特效，包括颜色、鱼眼、漩涡、像素化、马赛克、亮度、虚像，本程序设定了鱼眼特效。

③ "设定角色大小"模块：将角色设定为特定的尺寸，数值为100时，角色为原始大小。

④"增加角色大小"模块:将角色增加若干尺寸。
⑤"特效增加"模块:增加图形特效,使特效更加明显。
⑥"大小"模块:用于返回角色当前的大小值,该值由软件自动计算得到,不可手工调整。

除上述外观面板中的模块外,本程序还使用了变量面板中的"新建变量"功能。本程序新建了"大小"变量,设定为显示状态,并利用"变量设定"模块给该变量赋予了相应的数值。

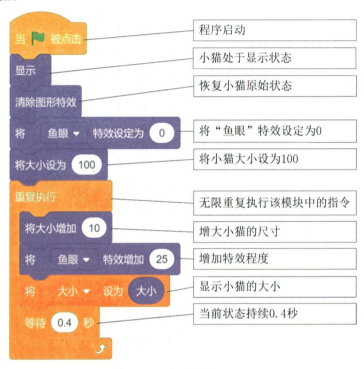

图1.44 哈哈镜程序

思考题:"特效设定"模块有什么作用?

提示:可形成富于变化的角色形象,增强程序的舞台效果,特别适合塑造夸张的舞台形象。

(4)"争先恐后"

难度系数:★☆☆☆☆

学习重点:外观面板中的"移到最前面"模块、"后移若干层"模块,如图1.45所示。

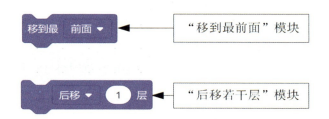

图1.45 争先恐后程序学习重点

编程目标：程序运行时2个角色重叠放置在一起，这2个角色在程序运行界面中不停地调整显示的前后层次，一会儿小猫在前面，一会儿甲壳虫在前面。程序运行界面如图1.46所示。

（a）小猫跑到前面　　　　　　　　（b）甲壳虫跑到前面

图1.46 争先恐后程序运行界面

在该程序中设置了2个角色，分别是小猫和甲壳虫，如图1.47所示。角色既可以从Scratch编程软件角色库中选择，也可以由程序开发者自己创建。

图1.47 角色设置

程序设计如图1.48所示,该程序放置在小猫中。

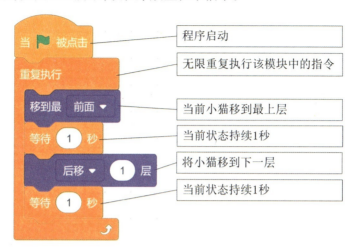

图1.48 争先恐后程序

在该程序中主要使用了外观面板中的下列模块:
① "移到最前面"模块:用于将角色移到最上层,而不被任何其他角色所阻挡。
② "后移若干层"模块:将角色向下移动若干层数,使角色处于合适的层数。

思考题: 层数控制相关模块有什么作用?
提示: 根据程序剧情发展需要,将重点角色突出显示。

爸爸:"学完运动面板和外观面板中的代码功能模块后,基本上就能创造一个生动的舞台形象了。"

但浩浩却皱着眉头说:"我看还不行,Scratch角色库和背景库中的资源太少了,根本不够用呀!"

爸爸:"那是当然。你要想使用角色库和背景库之外的图像,就得利用图像编辑功能自己创作。"

浩浩丧气地说:"可我画画很烂呀!"

爸爸鼓励道:"我有好办法。我们可以从互联网上搜图片呀!搜到满意的图片后把它下载下来,然后导入到角色造型列表或背景列表中就可以了。"

浩浩好像发现了新大陆,激动地说:"对呀!导入图片后,我就可以对图片做一些简单的修改了,比如添加几个字符、改变一下颜色,这些我能做到。"

爸爸:"看到了吧,编写程序可不是那么简单的事情,不但要懂一些程序指令,还需要具备一定的绘画能力呢!"

1.3.3 声音面板使用

声音面板集成了控制角色声响效果的相关功能模块,声音面板中的模块都是粉色的。

难度系数:★☆☆☆☆

学习重点:声音面板中的"声音播完"模块、"音量设定"模块、"音量增加"模块、"音效设定"模块、"音效增加"模块、"音量"模块,如图1.49所示。

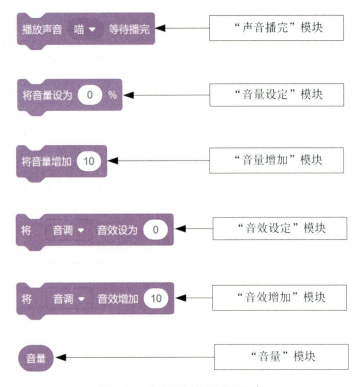

图1.49 声音面板使用学习重点

编程目标:声音面板的使用较为简单,这里只编写一个不断调整播放音量和音效的程序。当程序运行后,开始播放小猫的叫声,并且不断加大播放音量和音效,音量的数值显示在程序运行界面的左上方。程序运行界面如图1.50所示。

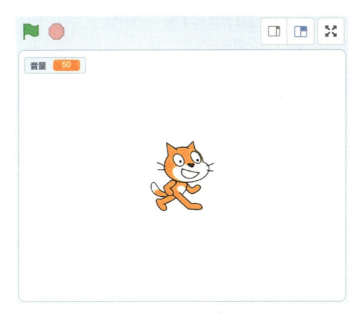

图 1.50 声音播放程序运行界面

程序编写如图 1.51 所示。

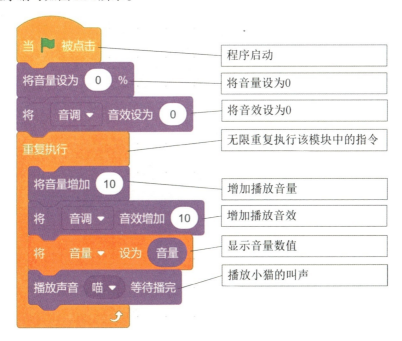

图 1.51 声音播放程序

在该程序中主要使用了声音面板中的下列模块:
① "声音播完"模块:将一个声音片段完整播完。

②"音量设定"模块:将播放音量设定为一定数值。

③"音量增加"模块:加大播放的音量。

④"音效设定"模块:将某种音效设定为一定数值。

⑤"音效增加"模块:加大播放的音效。

⑥"音量"模块:用于返回当前的音量值,该值由软件自动计算得到,不可手工调整。

除上述声音面板中的模块外,本程序还使用了变量面板中的"新建变量"功能。本程序新建了"音量"变量,设定为显示状态,并利用"变量设定"模块给这个变量赋予了相应的数值。

思考题: 能否利用声音面板中的功能模块制作一首乐曲?

提示: 当然可以,但需要我们掌握乐曲创作的基本知识,这时还需要使用扩展面板中的"音乐"面板。

浩浩:"哦!编写程序还需要懂音乐呀!"

爸爸:"那当然,优美的音乐是一款优秀程序的重要元素。比如你喜欢玩的'愤怒的小鸟',这个游戏的背景音乐就是一部交响乐呢!"

浩浩:"那我以后编写程序时,把我们班擅长演奏乐器的同学也叫上。"

爸爸:"就是这样的。最好把擅长画画的同学也叫上,创作一些漂亮的角色造型和背景。"

浩浩:"看来,编写程序时需要一帮人呀!"

爸爸:"的确如此。我们看到的很多游戏,都不是一个人的作品,而是一个团队的作品。学习编程还能锻炼我们的团队协作能力呢!"

1.3.4 画笔面板使用

画笔面板集成了控制角色绘图效果的相关功能模块,画笔面板中的模块都是深绿色的。在 Scratch 3.0 中,画笔面板在扩展面板中,在初始状态下,代码功能面板区中是没有画笔的。

难度系数: ★☆☆☆☆

学习重点: 画笔面板中的"清空"模块、"抬笔"模块、"落笔"模块、"画笔颜色设定"模块、"画笔亮度设定"模块、"画笔粗细设定"模块、"画笔颜色增加"模块、"画笔亮度增加"模块、"画笔粗细增加"模块、"图章"模块,如图 1.52 所示。

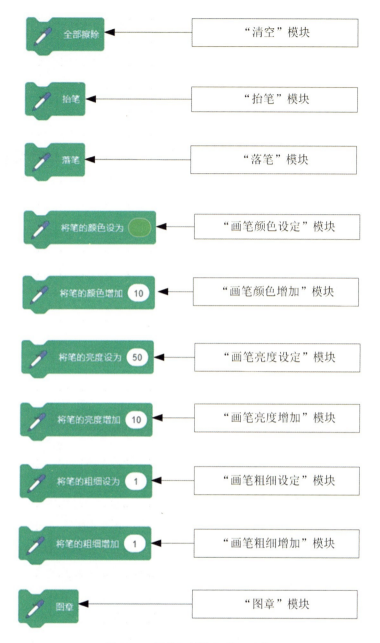

图1.52 画笔面板使用学习重点

编程目标: 画笔面板的使用较为简单,这里只编写一个不断调整画笔颜色、亮度、粗细的程序。当程序运行后,小猫从程序运行界面左侧开始向右侧移动,移动过程中,画笔的颜色、亮度、粗细不断加大,形成一条五颜六色的轨迹,如图1.53所示。

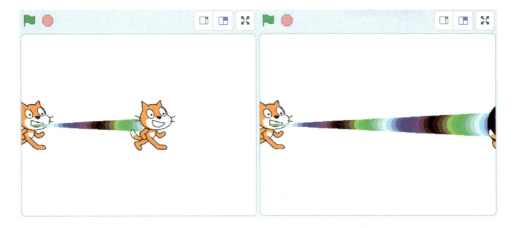

(a) 中间路程绘制效果　　　　　　(b) 后面路程绘制效果

图 1.53　图形绘制程序运行界面

程序编写如图 1.54 所示。

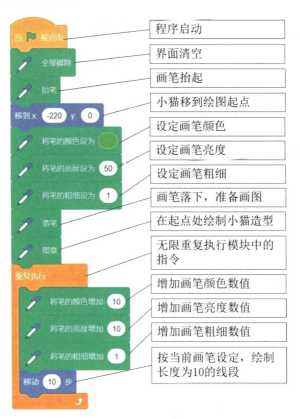

图 1.54　图形绘制程序

在该程序中主要使用了画笔面板中的下列模块：

① "清空"模块：将程序运行界面清空。

② "抬笔"模块、"落笔"模块：控制画笔的抬起与落下，画笔抬起不执行绘图命令，画笔落下开始执行绘图命令。

③ "画笔颜色设定"模块、"画笔亮度设定"模块、"画笔粗细设定"模块：分别用于设置画笔的颜色、亮度、粗细，其中"画笔颜色设定"模块既可以通过指定颜色方式设定，也可以通过输入数值方式设定。

④ "画笔颜色增加"模块、"画笔亮度增加"模块、"画笔粗细增加"模块：分别用于增加画笔的颜色、亮度、粗细的数值。

⑤ "图章"模块：用于在起笔处绘制角色的当前造型。

思考题：能否使用画笔面板中的功能模块创作一幅美丽的图画？

提示：在Scratch编程软件中可采用图像编辑功能和模块指令功能实现图形的绘制。使用图像编辑功能时，绘制方法与常见的PhotoShop图像编辑软件相同；使用模块指令功能时，绘图较为麻烦，需要精准控制画笔轨迹，通常用于绘制一些规律性较强的图形。

浩浩："都有PhotoShop软件了，Scratch还有必要提供画笔功能吗？"

爸爸："当然有必要了。PhotoShop只能创作一幅固定的图画，而Scratch的画笔功能却能用程序指令画图，更加灵活方便。"

浩浩："有道理，利用PhotoShop画的画只是为了看，没办法用程序控制。而利用Scratch画笔画的画却可以用程序控制，很灵活。"

爸爸接着说："Scratch画笔特别适合画一些几何图形，比如点、直线、三角形、正方形等等。"

1.3.5 变量面板使用

变量面板主要用于创建变量和列表，并对变量和列表进行操作，这是学习编程的难点，其中变量模块都是土黄色的，列表模块都是土红色的。在前面的章节中，我们已经初步接触了变量模块的使用方法。

(1) 小猫数数

难度系数：★☆☆☆☆

学习重点：变量面板中的"显示变量"模块、"变量设定"模块、"变量值增加"模块(这些模块需要在变量创建后才能在代码功能模块区显示出，可参考"向着鼠标前进"程序)，以及控制面板中的"有限重复执行"模块，如图1.55所示。

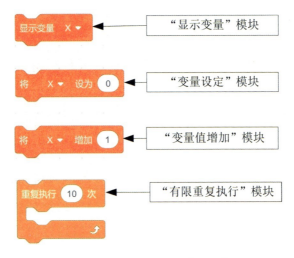

图1.55 小猫数数程序学习重点

编程目标：本程序主要学习变量的使用方法，在本程序中小猫从0开始数数，一直数到99。在数数过程中，小猫逐个说出各个数字，同时在程序运行界面的左上方也显示出该数字，如图1.56所示。

(a) 小猫从0开始数　　　　　　(b) 小猫数到1

(c) 小猫数到2　　　　　　(d) 小猫数到99后结束

图1.56 小猫数数程序运行界面

在本程序中创建了一个变量"Number",可通过点击"新建变量"按钮方式创建,在"新建变量"对话框中输入变量名称,如图1.57所示。

图1.57 新变量创建过程

程序编写如图1.58所示。

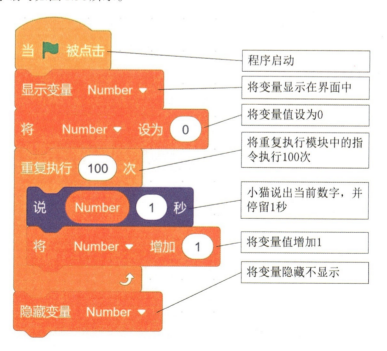

图1.58 小猫数数程序

在该程序中主要使用了变量面板中的下列模块:

① "显示变量"模块:将变量显示在程序运行界面中,可采用鼠标拖曳方式调整变量位置。

② "变量设定"模块:用于为变量赋值。

③ "变量值增加"模块:在变量当前取值基础上,再增加相应的数值。

除上述变量面板中的模块外,本程序还使用了控制面板中的"有限重复执行"模块,程序将会按设定的次数有限次执行模块中的指令。

思考题: 如何实现变量值的减少?

提示: 只要将"变量值增加"模块中的数据修改为相应的负数即可。

(2) 数据清理

难度系数:★★☆☆☆

学习重点: 变量面板中的"显示列表"模块、"隐藏列表"模块、"列表元素判断"模块、"列表元素删除"模块、"列表末尾元素添加"模块、"列表元素插入"模块、"列表元素替换"模块、"列表长度"模块、"列表取值"模块,如图1.59所示,这些模块需要在列表创建后才能在代码功能模块区显示出。

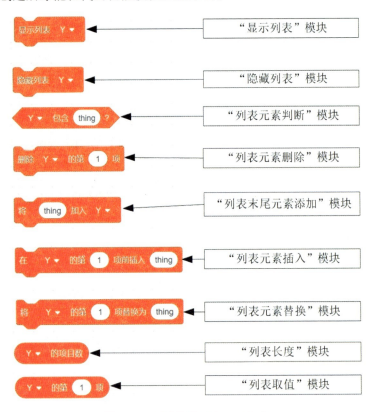

图1.59 数据清理程序学习重点

上述关于列表操作的代码功能模块在列表创建之前是不出现的,只有在列表创建以后才会出现在代码功能模块区,创建过程与变量创建过程类似。可使用数据面板中的"新建列表"按钮创建一个列表,当点击"新建列表"按钮后,会弹出一个新建列表对话框,用户可输入列表的名称,单击确定后便可生成一个列表,该列表便显示在代码功能模块区,如图1.60所示。

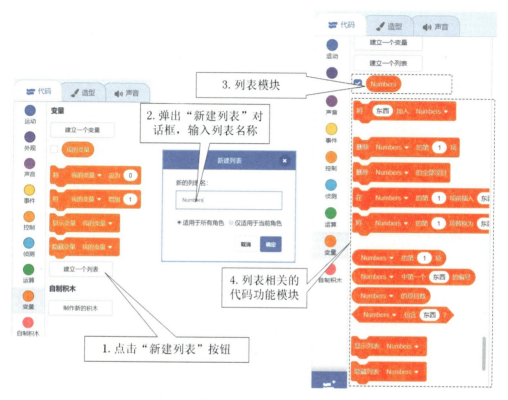

图1.60　创建列表

通过点击列表左侧的勾选框可设定列表显示状态,不勾选时列表隐藏不显示。勾选时列表显示在程序运行界面中,也可采用鼠标拖曳的方式调整列表在程序运行界面中的位置,如图1.61所示。新创建的列表中是没有数据的,可在程序运行界面中直接在列表中输入数据,点击一次列表左下角的"+"号,即可增加一个数据项,然后在其中输入数据即可。

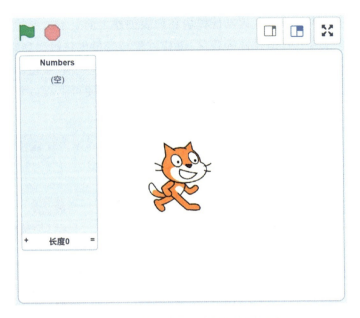

图1.61 创建的列表显示在程序运行界面中

编程目标：本程序主要学习列表的使用方法，在列表中可存放多个数据，是进行复杂数据处理工作不可或缺的一个功能模块。在本程序中含有一个列表"Numbers"，在初始状态下存放着1、3、4、55、6、7、8、error、9这9个数据，现要对该列表中的数据进行清理，使其按顺序存放1、2、3、4、5、6、7、8、9、10这10个数据，初始程序运行界面如图1.62所示。为方便编程，我们将脏乱数据存放在"脏乱数据.txt"中，可直接将文件中的数据导入列表"Numbers"中。

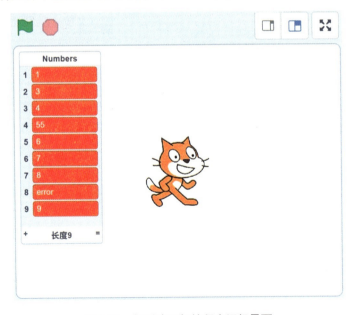

图1.62 数列清理初始程序运行界面

程序编写如图1.63所示。

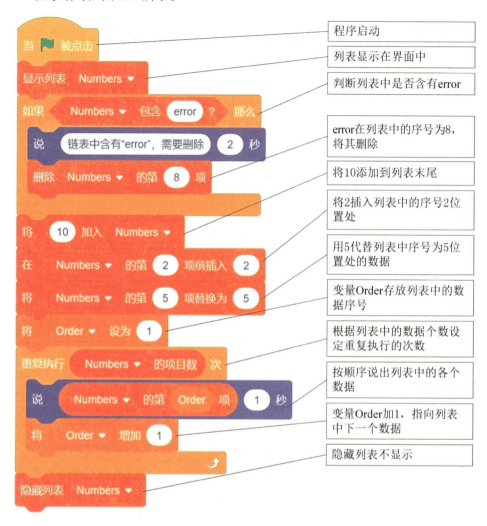

图1.63 数据清理程序

在该程序中主要使用了变量面板中的下列模块:

① "显示列表"模块、"隐藏列表"模块:将列表调整为显示或隐藏状态,在显示状态下,可采用鼠标拖曳方式调整列表位置。

② "列表元素判断"模块:用于判断列表中是否含有特定的元素。

③ "列表元素删除"模块:用于删除列表特定位置处的元素。

④ "列表末尾元素添加"模块:用于在列表末尾处新增一个元素。

⑤ "列表元素插入"模块:用于在列表特定位置处插入一个元素。

⑥ "列表元素替换"模块:用于替换列表特定位置处的元素。

⑦"列表长度"模块：用于返回列表中元素的个数,该值由软件自动计算得到,不可手工调整。

⑧"列表取值"模块：用于返回列表特定位置处元素的具体数据。

除上述变量面板中的模块外,本程序还使用了控制面板中的"如果-那么"模块,该模块为逻辑判断模块,当满足模块中的设定条件时,将执行模块中的指令。

数列清理完后的效果如图1.64所示。

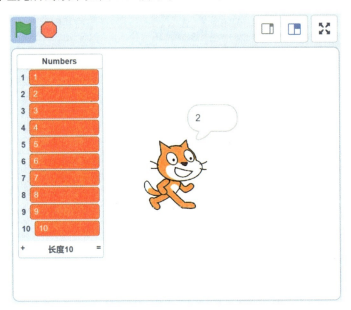

图1.64　数据清理效果

思考题：列表的最核心功能是什么？

提示：列表的价值极其显著,其核心功能是能够对大量数据进行组织管理,可将列表视为一种小型的数据库。

爸爸："现在都在说'大数据',你知道什么是'大数据'吗？"

浩浩："这么高大上的东西我可不懂！"

爸爸："'大数据'其实就是利用计算机技术对大量数据进行处理的一系列活动,我们学习的列表就是用于数据处理的,只不过数据量小一些而已。学了列表以后,你就算是一个'大数据小专家'了！"

浩浩："变量和列表我感觉一点都不好玩,而且还有些复杂,学不学习无所谓吧？"

爸爸连忙说："你千万不要这么想,变量和列表才是程序的精华呀！编写小程序时,变量和列表的作用的确不是很明显。但是程序规模一大,没有变量和列表是绝对不行的,后面我们针对课本学习内容编程时,你就会体会到这一点。"

1.3.6 事件面板使用

事件面板主要用于产生各种事件,以便控制角色在不同条件下的行为,事件面板中的模块都是浅黄色的。其中"当'旗子'被点击"模块在前面程序中已使用多次,这里不再进行讲解。

(1) 键盘和鼠标响应

难度系数:★☆☆☆☆

学习重点:事件面板中的"当按下键盘"模块、"当角色被点击"模块,如图1.65所示。

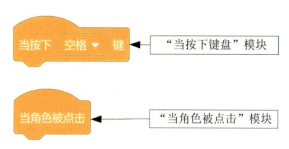

图1.65　键盘和鼠标响应程序学习重点

编程目标:本程序非常简单,当按下"a"键后,小猫说出"按下 A";当按下"b"键后,角色说出"按下 B";当点击小猫,小猫说出"按我干什么?"后,程序运行界面如图1.66所示。

(a) 按下"a"键时小猫的响应　　　　(b) 鼠标点击小猫时小猫的响应

图1.66　键盘和鼠标响应程序学习重点

程序编写如图1.67所示。

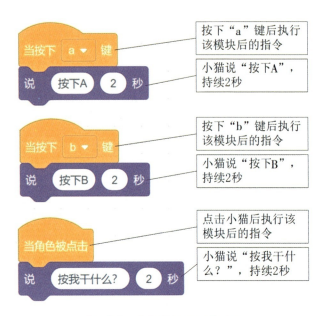

图1.67 键盘和鼠标响应程序

在该程序中主要使用了事件面板中的下列模块:

① "当按下键盘"模块:用于产生键盘敲击响应事件,可针对敲击的不同键位,分别设计不同的程序。

② "当角色被点击"模块:用于产生点击角色响应事件。

思考题: Scratch编程软件没有提供按钮创建功能,能否采用"当角色被点击"模块来模拟按钮功能?

提示: 这样做是可以的,当然需要将角色的造型设计为按钮形状,后面的章节中我们将采用这种方法制作按钮。

(2) 背景切换响应

难度系数:★☆☆☆☆

学习重点: 事件面板中的"当背景换成"模块,如图1.68所示。

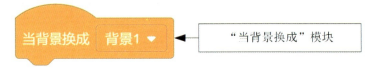

图1.68 背景切换响应程序学习重点

编程目标: 本程序需要增加一个背景,可在Scratch编程软件背景库中选择一个背景添加到程序中。当按下"1"键后,程序背景切换为1号背景,角色说出背景名称;当按下"2"键后,程序背景切换为2号背景,角色说出背景名称。程序运行界面如图1.69所示。

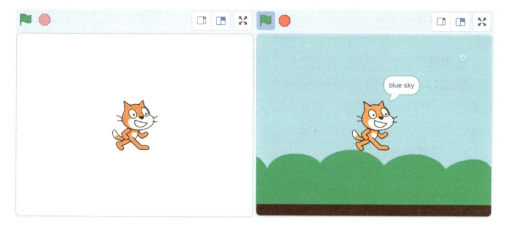

（a）按下"1"键后的背景　　　　　　（b）按下"2"键后的背景

图1.70　背景切换响应程序运行界面

程序编写如图1.70所示。

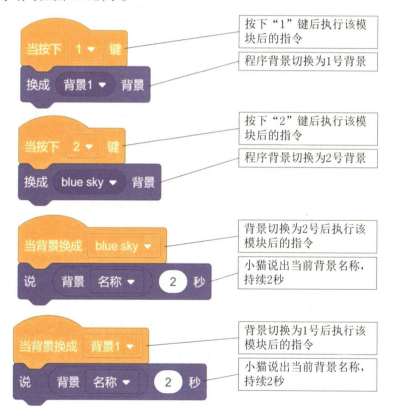

图1.70　背景切换响应程序

在该程序中主要使用了事件面板中的"当背景换成"模块,用于产生背景切换响应事件,当程序背景切换到与模块设定一致的背景后,执行模块后的指令。

思考题:"当背景换成"模块适用于编写哪方面的程序?

提示:该模块适用于编写场景变化类的程序,如编写一个反映春夏秋冬四季变化的程序就可使用该模块。当场景为春天时,孩子穿上毛衣;当场景为冬天时,孩子穿上棉衣,等等。大家可以尝试一下。

(3) 摄像头监控

难度系数:★★☆☆☆

学习重点:事件面板中的"广播"模块、"当接收到消息"模块,以及视频侦测面板中的"当视频运动"模块、"摄像头操作"模块,如图1.71所示。其中视频侦测面板需要从扩展面板区中添加,在初始状态下,代码功能面板区中是没有视频侦测面板的。

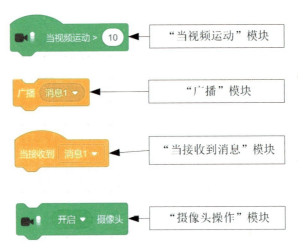

图1.71 摄像头监控程序学习重点

使用"广播"模块时,该模块会自动提供一个名为"消息1"的消息。如果消息不够用,用户还可以自己创建其他消息,如图1.72所示。首先点击"广播"模块的下拉菜单,然后点击"新消息"菜单项,将会弹出"新消息"创建对话框,在其中输入新消息的名称即可,这里创建了一个名为"演示"的新消息。最后在"当接收到消息"模块中就可以使用"演示"消息了,点击"当接收到消息"模块的下拉菜单,将会出现新创建的"演示"消息,点击即可。

实际上,"广播并等待"模块和"当接收到消息"模块也都提供了创建新消息的功能,创建过程与"广播"模块的新消息创建过程完全相同。

(a) 点击"新消息"菜单　　　(b) 为新消息命名　　　(c) 调用新创建的消息

图1.72　创建消息的过程

编程目标：本程序将开启摄像头，当有物体在摄像头前移动时，摄像头将会监测到移动物体，小猫将给出提示，程序运行界面如图1.73所示。

图1.73　摄像头监测响应程序运行界面

程序编写如图1.74所示。

在该程序中主要使用了事件面板中的下列模块：

①"当视频运动"模块：用于产生视频响应事件，类似的还有麦克风响应事件、计时器响应事件，本程序使用了视频响应事件。

②"广播"模块：用于发出一条消息，该消息将在整个程序范围内发送，工作效果类似于音响广播。

③"当接收到消息"模块：用于产生接收到消息时的响应事件。

除上述事件面板中的模块外，本程序还使用了侦测面板中的"摄像头操作"模块，利用该模块，可开启或关闭摄像头。

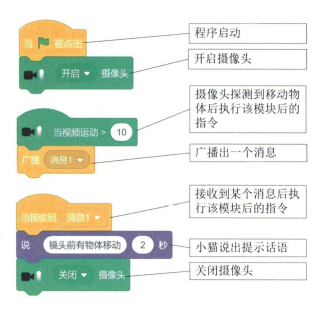

图1.74 摄像头监测程序

思考题:"广播"模块和"当接收到消息"模块是不是必须一起使用?

提示:是的,"广播"模块可发出一条消息,"当接收到消息"模块用于接收该消息,显然消息是沟通这两个模块的桥梁。

浩浩:"摄像头监控程序挺好玩的。等会儿我把摄像头放到门口,然后把这个程序修改一下,妈妈一进门,我就让程序播放出一段优美的广播。"

爸爸赞赏道:"主意不错。但你想到没有,要是飞过一个小飞虫,程序是不是也会被触发呀!"

浩浩:"这倒是没想到。那怎么避免这种情况发生呀?"

爸爸:"这个问题实际上挺复杂的,属于一个人工智能问题,因为需要让程序判断经过的是人还是小飞虫,但是程序又不认识呀!"

浩浩:"就是呀!程序只能判断摄像头前面有没有物体移动,除此之外好像就干不了其他事情了。"

爸爸:"我们可以想想办法。'当视频运动'模块中的参数是用于设定物体运动程度的,你妈妈和小飞虫的运动程度肯定不一样,把这个参数调整合理就可以解决问题了。"

浩浩:"这个参数可难调了。"

爸爸:"办法总比问题多。我们可以再增加一个侦测模块,只不过这个模块用于监测声音,当产生较大的声音时,就会触发该模块。"

浩浩:"这个主意不错,小飞虫是不会产生很大声音的。"

1.3.7 控制面板使用

控制面板主要用于控制程序运行路径,以便根据程序当前条件,确定程序后续动作,控制面板中的模块都是深黄色。其中"等待"模块、"有限重复执行"模块、"无限重复执行"模块、"如果–那么"模块在前面程序中已经使用,这里不再进行讲解。

(1) 数字比大小

难度系数:★☆☆☆☆

学习重点: 控制面板中的"停止"模块、"如果–那么–否则"模块,以及运算面板中的"等于关系判断"模块、"小于关系判断"模块,如图1.75所示。

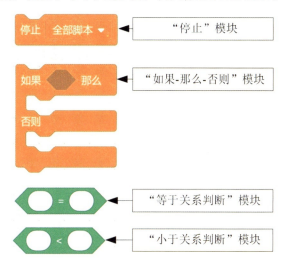

图1.75 数字比大小程序学习重点

编程目标: 在本程序中设置两个变量Value1和Value2,然后在编程区为这两个变量赋值,程序对这两个变量的大小情况进行比较。

程序编写如图1.76所示。

在该程序中主要使用了控制面板中的下列模块:

① "停止"模块:用于终止程序运行,既可终止全部程序,也可终止本代码程序或其他代码程序。

② "如果–那么–否则"模块:用于控制程序运行路径,程序运行到该模块时,将会根据实际情况选择两条路径中的一条继续运行。

除上述控制面板中的模块外,本程序还使用了运算面板中的"等于关系判断"模块和"小于关系判断"模块。利用"等于关系判断"模块,可判断两个数据是否相等;利用"小于关系判断"模块,可判断前一个数据是否小于后一个数据。此外,还有一个与这两个判断模块功能接近的模块——"大于关系判断"模块,它可判断前一个数据是否大于后一个数据。

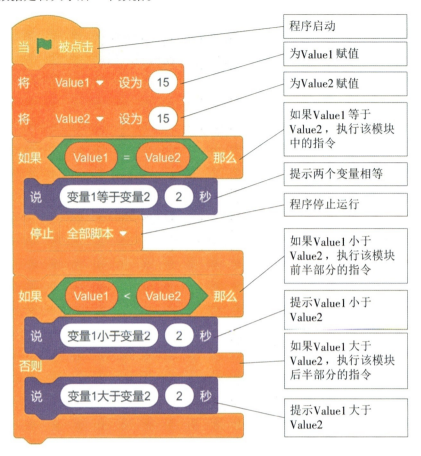

图1.76　数字比大小程序

思考题1：能否使用其他方式实现数据大小比较功能？

提示：本程序使用了"等于关系判断"模块和"小于关系判断"模块，使用"等于关系判断"模块和"大于关系判断"模块，或者"大于关系判断"模块和"小于关系判断"模块，也可以实现数据大小比较功能。

思考题2："如果-那么-否则"模块的功能可否用"如果-那么"模块来代替？

提示：可以。虽然"如果-那么-否则"模块可以处理两种情况，而"如果-那么"模块只能处理一种情况，但是多次使用"如果-那么"模块，也能达到使用"如果-那么-否则"模块的效果。

（2）小猫报数

难度系数：★☆☆☆☆

学习重点：控制面板中的"在条件满足前一直等待"模块、"重复执行直到"模块，以及侦测面板中的"按键是否按下判断"模块，如图1.77所示。

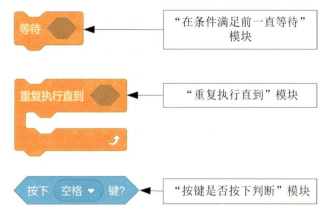

图1.77 小猫报数程序学习重点

编程目标：在本程序中小猫提示用户按下空格键，然后开始数数，直到用户按下"e"键，数数过程完毕。

程序编写如图1.78所示。

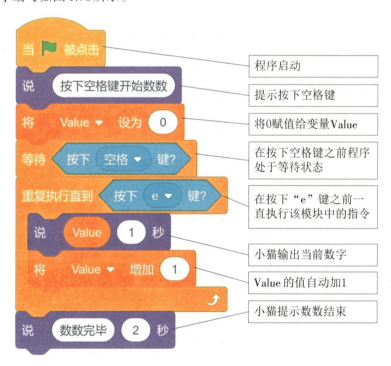

图1.78 小猫报数程序

在该程序中主要使用了控制面板中的下列模块：

① "在条件满足前一直等待"模块：将程序控制在等待状态，也就是说程序运行到该模块时处于停止等待状态，除非模块中的条件得到满足。

② "重复执行直到"模块：将程序控制在重复执行状态，除非模块中的条件得

到满足。

除上述控制面板中的模块外,本程序还使用了侦测面板中的"按键是否按下判断"模块,利用该模块,可判断所设定的按键是否被按下。

思考题:"重复执行直到"模块、"有限重复执行"模块、"无限重复执行"模块在使用场合上有什么区别?

提示:"重复执行直到"模块需要设定程序执行终止条件,适用于事先无法确定重复执行次数的场合;"有限重复执行"模块需要设定程序重复执行的次数,适用于事先可确定重复执行次数的场合;"无限重复执行"模块不需要设定任何条件,程序永远处于重复执行状态,通常只在程序调试阶段使用。

(3)**真假小猫**

难度系数:★★☆☆☆

学习重点:控制面板中的"克隆"模块、"当作为克隆体启动时"模块、"删除此克隆体"模块,如图1.79所示。

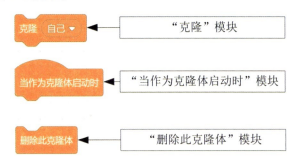

图1.79 真假小猫程序

编程目标:在本程序中将会产生一个与小猫一模一样的克隆体,同时原小猫与克隆体会分别给出相应的提示,如图1.80所示。

图1.80 真假小猫程序运行界面

程序编写如图1.81所示。

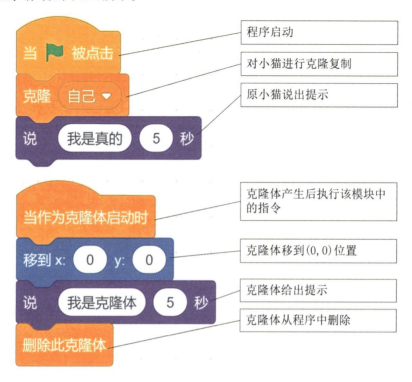

图1.81 真假小猫程序

在该程序中主要使用了控制面板中的下列模块：

① "克隆"模块：用于创建一个角色的克隆体。

② "当作为克隆体启动时"模块：克隆体一旦被创建，就开始执行位于该模块中的所有指令。

③ "删除此克隆体"模块：将克隆体从程序中删除。

思考题1：克隆体是否可以不删除？

提示：Scratch编程软件的数据处理能力较为有限，当克隆体完成使命后，最好将其删除，以释放内存，否则会产生不可预知的程序运行状态。

思考题2："删除此克隆体"模块为什么没有用于模块连接的"凹坑"标志，而只有"凸起"标志？

提示："删除此克隆体"模块和"当作为克隆体启动时"模块组合在一起使用，当克隆体被删除后，就没有什么动作可做了，也就没有必有再被其他模块连接了。

爸爸："一个程序能否稳定运行是检验程序开发者水平的重要指标。"

浩浩："'程序稳定运行'是什么意思？我不明白。"

爸爸："比如在'数字比大小'程序里，你输入了一个字母'a'和一个数字'8'，这就是一种错误输入情况,'a'和'8'怎么比较大小呀?"

浩浩:"的确有可能发生这种情况,那该怎么处理呀?"

爸爸:"这就需要利用控制面板中的'如果-否则'模块了,如果输入的是字符,程序就应该报错,提醒用户输入的数据错误了,否则继续正常运行。"

浩浩:"那程序怎么知道我输入的是字符呀?"

爸爸:"其实就算你输入了字符,程序也会为该字符赋予一个数值,但这个数值会大得比较离谱。利用这个特性可以判断输入的是否为字符。"

浩浩:"明白了。我可以先设计一个非常大的数,如果输入的数据比这个数还大,就可确定输入的是错误数据。"

爸爸:"就是这个意思。这时,必须使用'如果-那么'模块,或者'如果-那么-否则'模块。"

1.3.8 侦测面板使用

侦测面板主要用于感知程序在运行过程中所触发的颜色、距离、输入、位置等信息,侦测面板中的模块都是浅蓝色。其中"按键是否按下"模块在前面程序中已经使用,这里不再进行讲解。

(1) 小猫处处碰壁

难度系数:★★☆☆☆

学习重点:侦测面板中的"碰到目标判断"模块、"碰到颜色判断"模块、"两种颜色碰到判断"模块、"到目标的距离"模块,如图1.82所示。

编程目标:程序运行后,小猫首先向右侧移动,碰到界面边缘后停止移动,并说出"碰到界面边缘了";然后向左侧移动,碰到蓝色墙壁后停止移动,并说出"碰到蓝色墙壁了";接着向顶部移动,碰到红色墙壁后停止移动,并说出"碰到红色墙壁了";最后向鼠标指针位置移动,碰到鼠标指针后停止移动,并说出"追上鼠标了"。

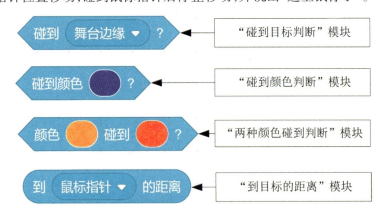

图1.82 小猫处处碰壁程序学习重点

在本程序中，利用背景编辑功能在背景左侧绘制一个蓝色矩形，代表蓝色墙壁，在背景顶部绘制一个红色矩形，代表红色墙壁，小猫的初始位置位于程序运行界面的中心，并且面朝右侧，如图1.83所示。

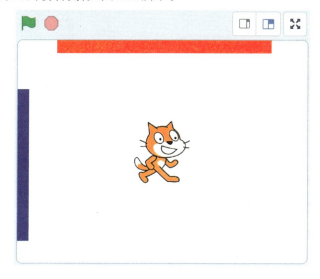

图1.83 小猫处处碰壁程序的初始界面

程序编写如图1.84所示。

在本程序中主要使用了侦测面板中的下列模块：

① "碰到目标判断"模块：用于判断角色是否碰到设定的目标，可将鼠标指针和界面边缘设置为碰撞目标，本程序将界面边缘设置为碰撞目标。

② "碰到颜色判断"模块：用于判断角色是否碰到了设定的颜色，点击本模块中的颜色设定区，然后点击需要设定的颜色，即可对本模块中的颜色进行设定。

③ "两种颜色碰到判断"模块：用于判断一种颜色是否与另一种颜色发生碰撞，与"碰到颜色判断"模块的颜色设定方式相同。

④ "到目标的距离"模块：用于计算角色到设定目标之间的距离，该值由软件自动计算得到，不可手工调整，本程序将鼠标指针设定为目标。

思考题：侦测面板中的这些信息探测功能有什么作用？

提示：利用这些信息探测功能，可设计一些较为有趣的小游戏，如射击游戏。凡是涉及物体碰撞检测问题的程序，都可考虑采用具有信息探测功能的模块。

(2) 你问我答

难度系数：★☆☆☆☆

学习重点：侦测面板中的"询问并等待"模块、"回答"模块，以及运算面板中的"字符串连接"模块，如图1.85所示。

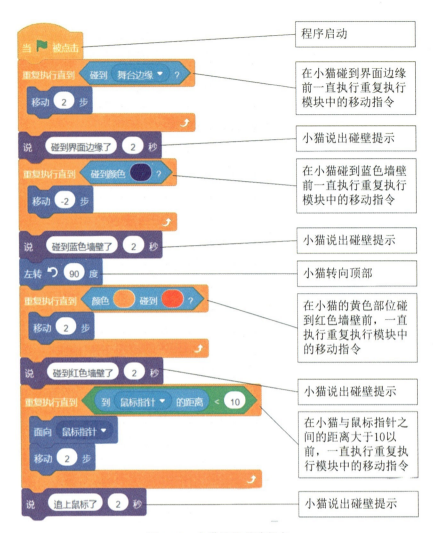

图1.84　小猫处处碰壁程序

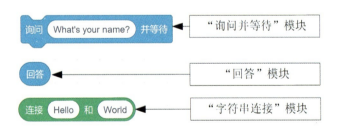

图1.85　你问我答程序学习重点

编程目标：本程序非常简单，小猫会提问"你叫什么？"，用户输入姓名后，小猫会问候道："××你好"，如图1.86所示。

(a) 小猫提问　　　　　　　　　(b) 小猫问候

图1.86　你问我答程序运行界面

程序编写如图1.87所示。

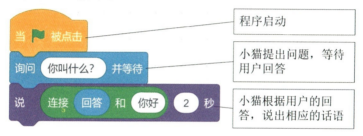

图1.87　你问我答程序

在本程序中主要使用了侦测面板中的下列模块：

① "询问并等待"模块：用于角色提出问题，并等待用户回应。

② "回答"模块：用于返回用户的输入值。

除上述侦测面板中的模块外，本程序还使用了运算面板中的"字符串连接"模块，该模块可将2个字符串连接成1个字符串。

思考题："询问并等待"模块和"回答"模块可以单独使用吗？

提示：不可以。这两个模块需要搭配使用，一个用于提出问题，一个用于接收用户回答。

(3) 自动报时

难度系数：★☆☆☆☆

学习重点：侦测面板中的"当前时间"模块，如图1.88所示。

图1.88　自动报时程序学习重点

编程目标：本程序非常简单，当点击小猫后，小猫会逐步报出当前的年、月、日、时、分。程序运行界面如图1.89所示。

在本程序中主要使用了侦测面板中的"当前时间"模块,该模块可自动返回当前的年、月、日、星期、小时、分、秒等信息。

思考题:"当前时间"模块是怎么知道当前时间的?

提示:仔细观察一下"自动报时"程序报出的时间与计算机本身的时间(Windows操作系统界面右下角的时间显示)是否一样。是一样的,则说明这个模块的时间来自于计算机本身。

(a)小猫报出年　　　　　　　　(b)小猫报出月

(c)小猫报出日　　　　　　　　(d)小猫报出时

(e)小猫报出分

图1.89　自动报时程序运行界面

程序编写如图1.90所示。

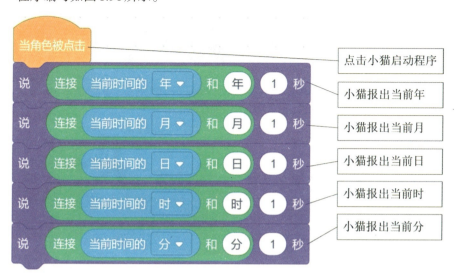

图1.90　自动报时程序

(4) 计时器

难度系数：★☆☆☆☆

学习重点：侦测面板中的"计时器归零"模块、"计时器"模块，以及运算面板中的"数学运算"模块，如图1.91所示。

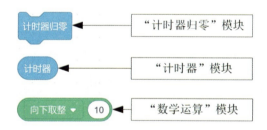

图1.91　计时器程序学习重点

编程目标：当执行本程序后，小猫会进行10秒计时。程序运行界面如图1.92所示。

在本程序中主要使用了侦测面板中的下列模块：

① "计时器归零"模块：用于计时器归零，即计时器从0秒开始计数。

② "计时器"模块：用于计算当前计时器时间（以秒为单位），该值由软件自动计算得到，不可手工调整。

除上述侦测面板中的模块外，本程序还使用了运算面板中的"数学运算"模块，该模块中含有许多常用的数学运算方法，如绝对值、平方根、正弦等等。本程序使用了"向下取整"数学运算方法,因为计时器中的计时是含有小数位的,通过向下取整可只显示计时的整数部分。

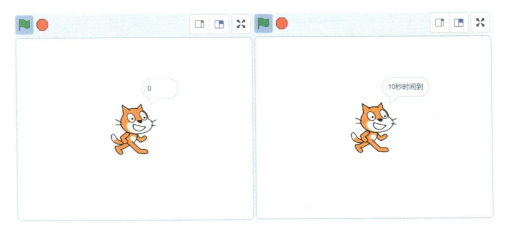

(a) 小猫从0开始计时　　　　　　(b) 10秒计时结束

图1.92　计时器程序运行界面

程序编写如图1.93所示。

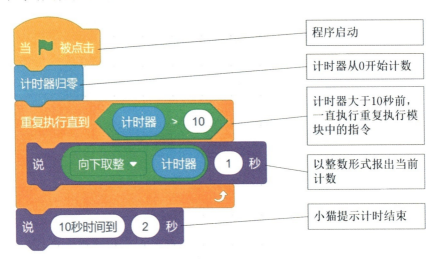

图1.93　计时器程序

思考题:"计时器"模块报出的时间保留几位小数?

提示:这个简单,测试一下便知。这里再讲一个小窍门,在"代码功能模块区"或"编程区",双击任何一个模块,该模块就会被执行,如果该模块后面还连接其他模块,那么后面的模块也会被执行。双击一下"计时器"模块,它会显示出当前时间,如图1.94所示。显然,"计时器"模块报出的时间保留3位小数。

图1.94 "计时器"模块

(5) 逃离鼠标

难度系数：★☆☆☆☆

学习重点：侦测面板中的"鼠标的x坐标"模块、"鼠标的y坐标"模块、"角色及背景信息"模块，如图1.95所示。

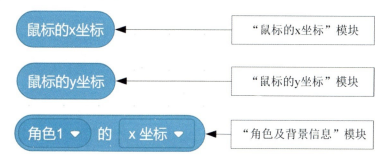

图1.95 逃离鼠标程序学习重点

编程目标：当执行本程序后，小猫一直朝着鼠标指针方向向后移动，同时程序运行界面的左上方显示鼠标指针的 x、y 坐标和角色的 x、y 坐标。如图1.96所示。

在本程序中主要使用了侦测面板中的下列模块：

① "鼠标的x坐标"模块、"鼠标的y坐标"模块：用于返回鼠标指针的当前 x、y 坐标，该值由软件自动计算得到，不可手工调整。

② "角色及背景信息"模块：用于返回角色及背景的 x 坐标、y 坐标、方向、造型序号、造型名称、大小、音量等信息，该值由软件自动计算得到，不可手工调整。

思考题：本程序的编写原理与"向着鼠标前进"程序很接近，只不过"移动步数"模块中的数据是负数，这该怎么理解呢？

提示："移动步数"模块中的数据为正数说明角色向着目标移动，为负数时说明角色向着目标的反方向移动。

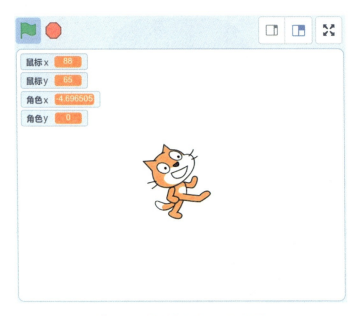

图1.96 逃离鼠标程序运行界面

程序编写如图1.97所示。

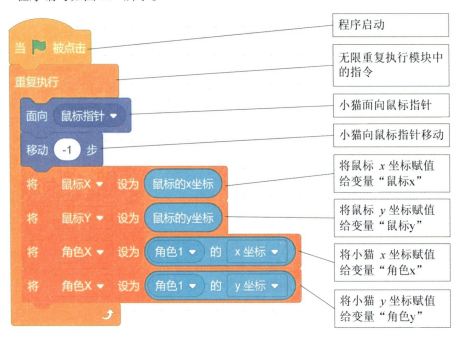

图1.97 逃离鼠标程序

爸爸:"如果程序要和用户互动,肯定就会用到侦测面板中的功能模块。"

浩浩:"可我感觉侦测面板中的功能没什么呀!只不过获取一下鼠标、键盘、时间这些信息而已,并且还不能修改这些信息。"

爸爸:"你说得有道理,如果程序不需要和用户互动,这些功能的作用不明显。但是要开发一个互动性的程序,就少不了这些功能了。"

浩浩:"举个例子。"

爸爸:"比如程序设置了一个登录密码,只有输对了密码,程序才能开始运行,这时就必须使用'询问并等待'模块。"

浩浩:"这是当然。那'鼠标x坐标'模块和'鼠标y坐标'模块怎么和用户互动呢?"

爸爸:"如果我们要拖动鼠标画图,就需要获取鼠标的x、y坐标,然后采用画笔面板中的相关模块,才能实现图形的绘制。"

浩浩:"那我来试试吧。"

1.3.9 运算面板使用

运算面板集成了数学运算的相关功能模块,运算面板中的模块都是绿色。其中"等于关系判断"模块、"小于关系判断"模块、"大于关系判断"模块、"数学运算"模块、"字符串连接"模块在前面程序中已经使用,这里不再进行讲解。

(1) 四则混合运算

难度系数:★☆☆☆☆

四则混合运算是必须掌握的数学知识,这些运算特别适合采用计算机编程方式进行求解。

学习重点:运算面板中的加、减、乘、除4个模块,如图1.98所示。

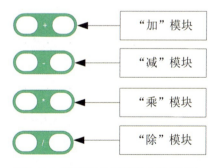

图1.98 四则混合运算程序学习重点

编程目标:针对下面的四则混合运算表达式,编写计算程序。

$$(7-(10+15)\div 5)\times 8$$

其计算程序如图1.99所示。

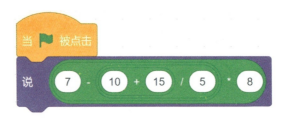

图1.99　四则混合运算程序

本程序主要使用了运算面板中的加、减、乘、除4个模块,由于这些模块自身只能处理2个数据,所以要多次组合使用,组合过程如图1.100所示。

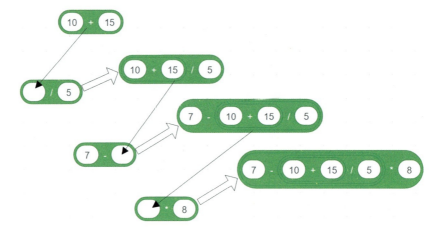

图1.100　四则混合运算表达式构建过程

思考题:四则混合运算表达式构建过程中的关键问题是什么?

提示:首先要明确运算顺序,然后按照从下向上的顺序逐级构建四则混合运算表达式。

(2) 小猫闲逛

难度系数:★☆☆☆☆

学习重点:运算面板中的"随机数"模块,如图1.101所示。

图1.101　小猫闲逛程序学习重点

编程目标：在本程序中，小猫在程序运行界面中漫无目的地闲逛，直到小猫碰到界面边缘才停止移动。

程序编写如图1.102所示。

图1.102　小猫闲逛程序

本程序主要使用了运算面板中的"随机数"模块，利用该模块，可在设定的数值范围内随机选取一个数。

思考题：本程序中的随机数是真正的随机数吗？

提示：该随机数是通过数学运算方法产生的，并不是真正意义的随机数，只是看起来像随机数，因此也被称作"伪随机数"。

（3）**区间判断**

难度系数：★☆☆☆☆

学习重点：运算面板中的"逻辑或"模块、"逻辑不成立"模块，如图1.103所示。

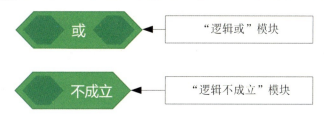

图1.103　区间判断程序学习重点

编程目标：判断某个数是否位于15和20之间。

程序编写如图1.104所示。

本程序主要使用了运算面板中的"逻辑或"模块，利用该模块，可判断2个条件是否同时被满足。除"逻辑或"模块外，运算面板中还有另外2个逻辑组合判断模块：

① "逻辑与"模块：用于判断2个条件是否同时被满足。

② "逻辑不成立"模块：取逻辑判断的相反值，如某个逻辑判断不成立，将该逻辑判断代入"逻辑不成立"模块后，就会变为成立。

思考题：在Scratch编程软件中，具有逻辑判断功能的模块都是六边形的。目前为止，我们都学了哪些具有逻辑判断功能的模块？

提示：这里总结一下，包括"碰到目标判断"模块、"碰到颜色判断"模块、"两种颜色碰到判断"模块、"按键是否按下判断"模块、"等于关系判断"模块、"小于关系判断"模块、"大于关系判断"模块、"逻辑或"模块、"逻辑与"模块、"逻辑不成立"模块。

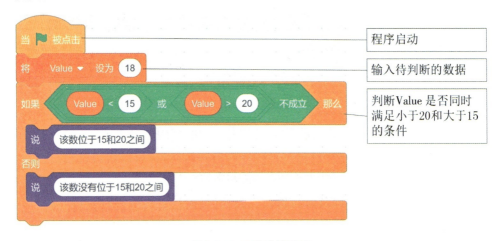

图1.104　区间判断程序

(4) 单词拼读

难度系数：★☆☆☆☆

学习重点：数学和逻辑运算面板中的"字符串长度计算"模块、"字符串取值"模块，如图1.105所示。

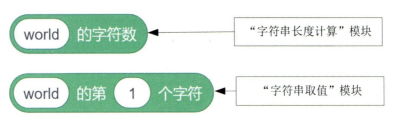

图1.105　单词拼读程序学习重点

编程目标：在本程序中，小猫将会逐个拼读单词"world"中的字母。程序运行界面如图1.106所示。

在本程序中主要使用了运算面板中的下列模块：

① "字符串长度计算"模块：用于返回字符串中所含字符的个数。

② "字符串取值"模块：用于返回特定位置处的字符数据。

思考题："字符串取值"模块的功能是不是与列表的某些功能类似？

提示："字符串取值"模块的功能与"列表取值"模块的功能很类似，但是列表的功能更强大，它能分门别类地存放和管理大量数据。

（a）拼读出字母"w"　　　　　　　（b）拼读出字母"o"

（c）拼读出字母"r"　　　　　　　（d）拼读出字母"l"

（e）拼读出字母"d"　　　　　　　（f）拼读结束

图1.106　单词拼读程序运行界面

程序编写如图1.107所示。

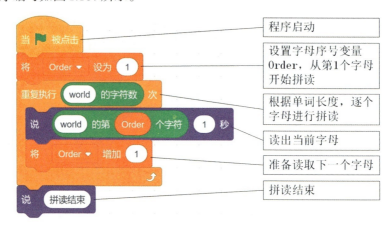

图1.107 单词拼读程序

浩浩:"爸爸,你说'随机数'模块产生的是伪随机数,我还是不太理解。"

爸爸:"我先说说真随机数吧。我们把一个硬币抛到地上,硬币有可能正面朝上,也有可能反面朝上,这个硬币的朝向就是一个随机数,并且是真随机数,因为我们无法人为控制硬币的朝向,除非作弊。"

浩浩:"那伪随机数呢?"

爸爸:"伪随机数是通过一定的计算方法产生的,比如圆周率是一个无限不循环小数,3.1415926535897…,你一直数下去,就会发现这些数字是乱七八糟的,没有什么规律,就好像是随机产生的。"

浩浩:"有道理,圆周率的每个数字就好像是从0到9这10个数字中随机选择的。"

爸爸:"比如我们有8个小组,每个小组有10名同学,我们从每个小组中随机选择1名同学参加长跑比赛,那就需要选择8名同学。为体现随机性,我们就可以按照圆周率中的每个数字进行选择,第1个小组选3号同学,第2个小组选1号同学,第3个小组选4号同学,直到把8名同学都选出为止。"

浩浩:"这种方法看起来还行,总比每个小组都选1号同学强吧!"

爸爸问道:"那你说这算真正的随机选择吗?"

浩浩:"应该不算吧。"

爸爸:"当然不算,用这种方法选择的数字就是伪随机数。伪随机数使用不当会产生问题的。"

浩浩:"哦?"

爸爸:"比如第一次选择的8名同学,大家感觉不公平,要求重新选择。你想,如果我们再按照刚才的方法重新选择一次,那选出来的还是这8名同学呀!"

浩浩恍然大悟,道:"毕竟这不是真正意义上的随机数,它有可能被我们控制,那就丧失了随机性的意义。"

爸爸:"所以叫作'伪随机数'!'随机数'模块在编写游戏时经常使用,由于它产生的伪随机数比较科学,所以用起来感觉就像是真随机产生的。"

1.4 造型功能使用

造型功能主要用于创建和编辑角色的外观,类似于PhotoShop软件或Scratch软件的画笔功能。造型功能界面如图1.108所示。

图1.108 造型功能界面

① 图像创建区:可通过图库选择、自行绘制、图片导入、照片拍摄4种方式创建角色的形象。

② 造型列表区:可对角色的各个造型进行管理,如添加造型、删除造型、选择造型。

③ 颜色选择区:可选取所需颜色,以便绘制造型的各个细节。

④ 绘图工具区:可执行矩形绘制、圆形绘制、文字绘制、颜色填充等操作。

⑤ 图形缩放区:可放大或缩小绘图区域。

⑥ 绘图模式区：可在矢量模式和位图模式之间进行切换。

对于程序背景创作而言，与角色造型功能完全一致。

学习提示：实际上，Scratch编程软件的绘图功能并不强大，如果我们熟悉其他绘图软件的使用方法，就没有必要使用Scratch进行绘图了。我们可以利用熟悉的绘图软件先把图做出来，然后存成图片文件，最后将图片文件导入Scratch编程软件中。这样有助于我们创作出更加富有特色的角色造型或程序背景。

1.5 声音功能使用

声音功能主要用于制作和编辑声音片段，可将声音片段进行分割和组合，制作出各种满足程序使用要求的声音片段，增加程序的趣味性。声音功能界面如图1.109所示。

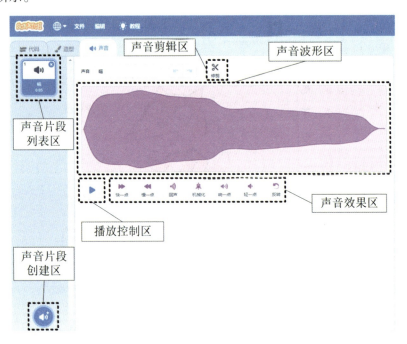

图1.109 声音功能界面

① 声音片段创建区：可通过声音库选择、录制声音、导入声音文件3种方式创建声音片段。

② 声音片段列表区：可对角色的各个声音片段进行管理，如添加声音片段、删除声音片段、选择声音片段。

③ 声音波形区：可显示声音片段的波形，以及选择声音波形中的个别部分。

④ 播放控制区：可播放声音片段。

⑤ 声音剪辑区：可对选中的声音片段进行剪切操作，提取和制作满足用户要求的声音片段。

⑥ 声音效果区：可对声音添加淡入、淡出、增强、减弱等效果，使声音播放更具艺术效果。

学习提示：声音功能非常酷，利用声音功能能够把自己的声音放入程序中，还能对声音进行裁剪和组合，制作出更加有趣的声音播放效果。

1.6 学习小结

本章的学习内容较为简单，但却是深入学习Scratch编程的基础。希望大家不但能够仿照程序案例进行编写，还要真正理解每个功能模块的含义。

编程学习技巧：代码功能模块是Scratch编程的核心，为了深入掌握各代码功能模块的用法，可使用以下技巧：

① 参数修改法。不断修改代码功能模块中的参数值，观察程序运行效果有何变化。

② 模块删除法。在当前程序基础上，删除某个代码功能模块，观察程序运行效果有何变化。

③ 模块添加法。在当前程序基础上，添加某个代码功能模块，观察程序运行效果有何变化。

深化篇——学习的方法

本书的第2章至第4章将分别针对语文、数学、英语等课程,讲解Scratch程序的编写方法。

通过前面的学习,我们已经熟练掌握了Scratch编程软件的使用方法,因此本书后面的章节将不再详细阐述程序编写的流程,而把重点放在编程思路构建方面。只要掌握了Scratch编程软件的使用方法,我们就能够按照书中讲解的思路,把案例中的程序编写出来。

对于每个程序案例来说,本书主要从以下6个方面进行讲解:

(1)程序操作流程:也就是用户如何使用程序,通过描述程序操作流程就能够明确编程的目标。

(2)程序结构设计:这是学习的重点,在这一部分将直接展示代码程序的截图,并配以主要的提示说明,据此就能够编写出相应的程序。有一点需要注意,当程序结构中出现了关于变量、列表、消息的代码功能模块时,我们一定要首先创建出该变量、列表、消息,书中将不再提示。

(3) 主要环节设置：每个程序中包含很多环节，既有主要环节，也有次要环节，本书重点讲解主要环节设置方法，理解难度较小的次要环节将不再讲解，因为参照"(2) 程序结构设计"，这些次要环节将迎刃而解。

(4) 需要注意的问题：每个程序都有一些需要关注的问题，在这里将对这些需要关注的问题作一简要分析，进一步深化我们对于程序的理解。

(5) 程序进一步改进：本书给出的程序并不是完美无缺的，在这一部分将提出一些程序改进设想供大家参考，使程序不断得以完善。

(6) 关于程序的讨论：每个程序都会涉及一些关键的知识点，在这一部分将通过父子对话的方式对程序中的关键知识点作深入探讨，不断提高大家对于编程的认识水平，提升编程素养。

大部分程序案例的讲解都涉及上述6个方面的内容，少部分程序案例由于较为简单，未详细区分上述6个方面的内容。

> **学习提示**
>
> 当程序结构中出现与变量操作、列表操作、广播消息等相关的代码功能模块时，请务必创建与这些模块相关的变量、列表、消息，否则这些代码功能模块将无法使用。这是容易困惑初学者的一个重要问题。

第2章
编程与语文

浩浩:"能把Scratch编程用于语文学习吗?"

爸爸:"当然能,但是难度相对大一些,为了编写出关于语文学习的程序,今天我们就来说说'设计程序'的问题。其实对于我们学习编程来说,学习各种模块指令的用法只是其中一方面,更重要的是要学会'设计程序'的方法。"

浩浩:"设计程序——?"

爸爸:"软件开发工作可以分为两部分,一是编写程序,二是设计程序。实际上,前面做的主要是编写程序的工作,就是把已提出的编程设想用程序实现出来。但这并不是软件开发工作的核心,设计程序才是软件开发工作的核心。"

浩浩:"再说详细点。"

爸爸:"设计程序就是针对我们的需要,提出一种软件开发设想,以及相应的解决方案,以便解决我们面临的一些现实问题。"

爸爸接着说:"比如说,很多故事都是通过文字形式描述的,但我们感觉文字形式比较呆板,不容易激发大家的学习兴趣。于是产生了一个软件开发设想:我们是不是能够开发一个程序,首先通过动画视频短片展现故事情节。然后在此基础上,再通过情景对话展现故事内容,这就是解决方案。这些工作都算是设计程序。"

浩浩点点头,道:"最后就可以编写程序了。"

爸爸问道:"那你觉得编写程序和设计程序相比,谁更重要呢?"

浩浩迟疑了一下,道:"我觉得设计程序更重要。能编写程序的人很多,但是能够提出软件开发设想,并设计程序的人却不多。从现在起,我要针对语文学习,自己设计出几个程序来,不能总让爸爸给我提供软件开发构想。"

爸爸:"嗯,你的思想上层次了。"

学习提示：程序是编写出来的，更是设计出来的。我们不但要具有编写程序的能力，也要有意识地培养自己设计程序的能力。设计程序也是一种"发明创造"活动，大家要争取成为计算机程序的"发明家"哦！

2.1 "幽默轻松"小话剧

2.1.1 小话剧程序的基本原理

话剧是指以对话方式为主的戏剧形式，与传统舞台剧、戏曲相比较，话剧的主要叙述手段为演员在舞台上进行无伴奏的对白或独白，但可以使用少量音乐、歌唱等形式。话剧是一门综合性艺术，涉及剧本创作、导演、表演、舞美、灯光、评论等诸多要素。

采用编写程序的方式，我们也能创作一款小型话剧。利用Scratch编程软件创作话剧，主要是使用Scratch编程软件外观面板中的下列模块：

① "说话"模块：包括"持续说话"模块，用于表现舞台人物的对白或独白。
② "思考"模块：包括"持续思考"模块，用于表现舞台人物的思想或心理活动。
③ "造型相关"模型：包括"造型切换""下一个造型""隐藏""显示""特效设定""增加特效""设定角色大小"以及"增加角色大小"等模块，用于根据剧情变化及时调整舞台人物的表情、动作，并增加一些奇幻的舞台效果。

为进一步改善话剧表现效果，还可采用背景切换、声音播放等功能，制作出更为精美的舞台效果。

2.1.2 小话剧的基本程序

难度系数：★★☆☆☆

本程序选取一个对话形式的小话剧，并采用编程方式将其体现出来。剧本如下：

> A和B两人走到了一片荒无人烟的草原，水和食物都已经没有了，几乎绝望。这时，A突然对B说："我现在有一个好消息和一个坏消息，你要听哪个？"
> B："坏消息是什么？"
> A："以后我们只能吃牛粪了，因为这里只有牛粪。"
> B："这是坏消息，那好的呢？"
> A："牛粪很多。"

(1) 程序操作流程

点击"旗子"按钮,程序即开始运行。程序运行后,会依次出现A、B两人的对话,如图2.1所示。

(a) 对话1　　　　　　　　　(b) 对话2

(c) 对话3　　　　　　　　　(d) 对话4

(e) 对话5　　　　　　　　　(f) 对话结束6

图2.1　小话剧程序运行界面

(2) 程序结构设计

首先选择一款与剧情相匹配的背景,本程序从Scratch编程软件背景库中选取,也可自己创作一款背景。

然后创建2个角色,用于扮演角色A和角色B,本程序从Scratch编程软件角色库中选择2个角色,分别扮演角色A和角色B,也可以自己创作2个角色造型。

每个角色都需要编写相应的程序,为便于说明程序运行流程,将角色A中的程序和角色B中的程序放到一起讲解,如图2.2所示。

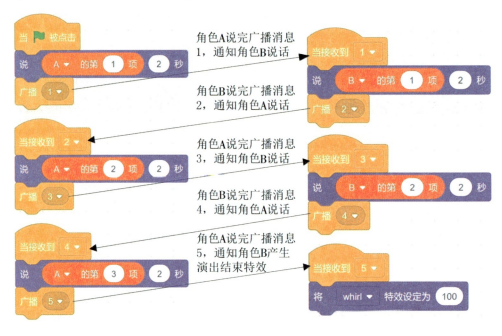

(a) 角色A中的程序　　　　　　　　(b) 角色B中的程序

图2.2　角色A和角色B中的程序

(3) 主要参量设置

① "广播"模块:用于控制角色A和角色B的说话顺序。例如角色A说完话后,广播一条消息,通知角色B继续说话。

② "当接收到消息"模块:用于控制下一个角色说话。当角色接收到相应的消息后,就会执行相应的"当接收到消息"模块中的指令,即说出相应的话语。

③ 列表A、列表B:列表A用于逐句存放角色A所说的话语,列表B用于逐句存放角色B所说的话语,如图2.3所示。

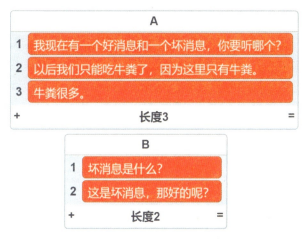

图 2.3 用于存放话语的列表 A 和列表 B

（4）需要注意的问题

本程序采用广播消息的方式控制角色 A 和角色 B 的说话顺序。说话顺序控制是确保本程序产生预定表演效果的关键，可以采用多种方式控制说话顺序，例如还可以采用"等待"模块，通过控制时间的方式控制说话顺序。但不管采用哪种说话控制方式，都要确保话语出现的先后顺序，避免出现话语重叠的情况。

（5）程序进一步改进

① 如何采用人工方式控制说话节奏？本程序由程序自动控制话语播放节奏，但有可能会产生播放节奏过快或过慢的问题，影响用户对于剧情的理解。如果用户能够自行控制话语播放节奏就更好了。

提示： 可采用事件面板中的"当按下键盘"模块，设置某个按键为下一步播放控制键，每按一次该键，角色就会按照剧情发展说出相应的话语。

② 如何增加更为酷炫的舞台效果？本程序只是通过文字的方式表示剧情，能否增加其他元素进一步丰富舞台效果？

提示： 丰富舞台效果的方式有很多，如录制声音片段，使角色能够实际发声；改进角色的造型，使角色外观更加丰富；增加角色动作，使舞台表演更具故事性。

浩浩："怎么样，我这个'小话剧'程序设计得还不错吧！"

爸爸："不错，很有趣。现在你明白设计程序的含义了吧！前面你也编写过程序，那你感觉是设计程序难呢，还是编写程序难呢？"

浩浩："我觉得设计程序难，因为要产生一种软件开发设想并不容易，需要我们对某个领域有很深的了解。比如，针对那个关于'牛粪'的小笑话，我想过好几种编程思路，如通过角色讲述展现故事、在程序运行界面上通过文字滚动方式展现故事,以及通过对话方式展现故事。最终,我选定了'话剧'这种方式。"

浩浩口若悬河,道:"我上网搜索了话剧,对这种艺术形式有了更深的了解。话剧是指以对话方式为主的戏剧形式,与传统舞台剧、戏曲相比较,话剧的主要叙述手段为演员在舞台上进行无伴奏的对白或独白,但可以使用少量音乐、歌唱等形式。话剧是一门综合性艺术,涉及剧本创作、导演、表演、舞美、灯光、评论等诸多要素……"

爸爸打断道:"行了行了,我们是在研究编程,还是在研究话剧呀!"

浩浩:"不把话剧的原理讲明白,您怎么能明白我的程序设计思路呀!总之我觉得话剧是实现'牛粪'程序设计的最佳思路。"

浩浩接着说:"这个程序设计得很简单,后面我还要加入背景变换、人物表情变化,甚至我还想把人物的声音也做出来,那简直太棒了!"

爸爸满意地说:"看到了吧,设计程序是更有挑战性的工作。"

学习小结:我们不能只满足于编写程序,还要学会设计程序,设计程序是更有挑战性的工作。当然优秀的程序设计人员也应该懂得编程,懂得编程将会帮助我们把程序设计得更加合理。在编写程序的基础上更进一步吧,向着设计程序出发!

2.1.3 编程进阶——自动表演

难度系数:★★★☆☆

在基本程序中,通过纯手工方式来控制角色A和角色B的说话顺序。一旦调整剧本内容,如增加或减少对话内容,就需要重新设计程序结构,这种操作方式非常麻烦。在编程进阶阶段,将改进对话控制方式,使角色A和角色B能够自动选择并说出相应的话语,这样即使调整了剧本内容,也无需更改程序结构。

(1) 程序操作流程

点击"旗子"按钮,程序即开始运行。运行的效果与小话剧程序基本一致。

(2) 程序结构设计

本程序与小话剧的基本程序所使用的背景和角色完全相同。

每个角色都需要编写相应的程序,其中角色A的程序如图2.4所示,角色B的程序如图2.5所示。

(3) 主要参量设置

主要参量设置与小话剧的大致相同,只是删除了列表A和列表B,但增加了列表Play以及变量Order。

① 列表Play:用于存放剧本中的所有对话内容,如图2.6所示。但要注意两点:一是对话内容要按顺序逐个存放在列表中,二是角色A和角色B的说话内容要

一一对应,也就是角色A说完一句,角色B接着说下一句,然后角色A再继续说,依此类推。

② 变量Order:用于存放列表Play中当前播放话语的序号。

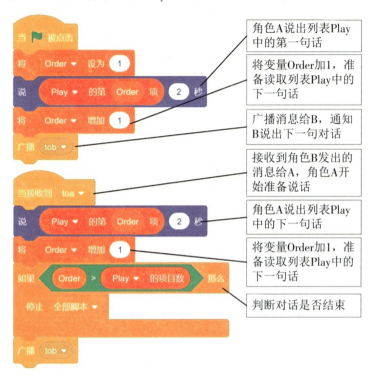

图2.4　角色A的程序

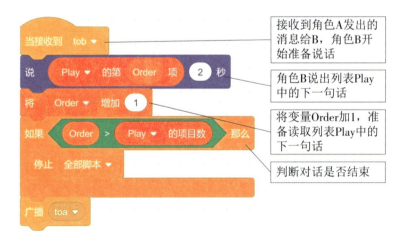

图2.5　角色B的程序

图2.6　用于存放剧本内容的列表Play

(4) 需要注意的问题

本程序相对于基本程序有了很大的改进：一是程序结构简单，二是剧本中的对话内容可灵活进行修改，实现了程序结构与剧本内容的分离。由于采用了交替说话的控制方式，因此对话内容在列表Play中必须按照"你一句,我一句"的方式存放，不允许出现接连存放一个人说话内容的情况。

(5) 程序进一步改进

本程序中的对话控制部分可重复使用，由于控制方式固定不变，因此也产生了舞台效果单一的问题。如何在对话控制方式基本不变的情况下，进一步丰富舞台效果？

提示： 与列表Play中的对话内容相对应，可再设计若干列表，用于存放舞台效果的标记，根据标记情况展现相关舞台效果。比如设计一个舞台背景列表，用于存放每句对话内容所对应的背景标号，当调用对话内容时，同时查询背景标号，据此切换舞台背景。

爸爸："这个'自动表演'程序相对于'小话剧'程序，又有了很大的改进，人物能够自动选取对话内容并进行表演了。"

浩浩："这样这个程序就可以随时改变表演内容了，并且还可以表演长篇话剧。使用起来也很方便，不用修改程序结构，只要改变列表中的对话内容就可以了。"

爸爸："可以说，这个程序具有一定的智能性了。"

浩浩："这算什么智能性呀！用的都是很普通的功能模块。"

爸爸："智能性也是分层次的。击败九段棋手李世石的阿尔法狗程序是有智能性的，当然这是高级的智能性。你这个程序能自动表演，也算是具有一定的智能性，只不过比较初级罢了。"

爸爸总结道："其实任何一个程序都在一定程度上代替了人类的某些工作，从这种角度来看,计算机程序本身就具有天然的'智能性',只不过不同程序的聪明程度有所差异。"

学习小结:人工智能并不神秘,只要程序能替人类做一些工作,就可以认为程序具有智能性。学习Scratch编程的你们,可不要被"人工智能"吓坏呀!

2.2 "学识渊博"问与答

2.2.1 国学知识问答程序的基本原理

这是一款知识问答型程序,程序提出相关问题,要求用户作出回答。该程序设计思路较为简单,只要设计出相应的问题库和答案库即可。根据程序提出的问题,比较用户的回答与正确答案是否一致,若一致,说明回答正确,否则回答错误。

在国学知识问答程序中,必须要使用侦测面板中的"询问并等待"模块,以接收用户所作出的回答,并作出正确与否的判断。

2.2.2 国学知识问答的基本程序

(1)程序操作流程

点击"旗子"按钮,程序即开始运行,如图2.7所示。

(a)提出问题并回答　　　　　(b)判断对错

图2.7　国学知识问答程序运行界面

(2)程序结构设计

国学知识问答程序如图2.8所示。

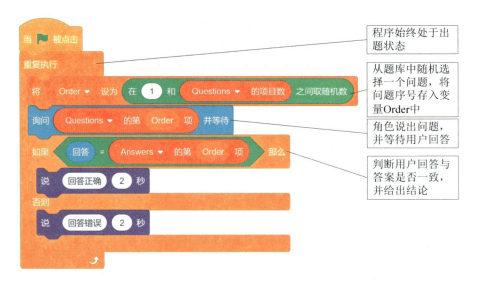

图2.8 国学知识问答程序

(3) 主要参量设置

① 列表Questions、列表Answers:列表Questions用于存放试题,构成试题库;列表Answers用于存放答案,构成答案库,如图2.9所示。

图2.9 用于存放试题的列表Questions和用于存放答案的列表Answers

② 变量Order:用于存放试题在列表中的序号,该序号通过随机方式生成。

③ "询问并等待"模块:用于接收用户所作出的回答。

(4) 需要注意的问题

① 应使出题过程具有随机性,以体现考试的公平性。本程序根据试题数量,在试题库中随机选择一个问题序号,据此提出相应的问题。

② 试题库与答案库中的元素要保持一一对应关系。也就是说,试题库中试题的序号要与答案库中答案的序号保持一致,这是实现对错判断的关键,不能随意排

列试题或答案。

③ 本程序适宜存放客观性问题,不适宜存放主观性问题。主观性问题的答案往往具有很大的变化性,不存在唯一的正确答案,因此本程序很难处理主观性问题。

(5) 程序进一步改进

① 如何进一步完善答题过程?本程序的答题过程较为简单,只是由角色作出基本判断,可根据需要进一步完善答题过程。

提示: 可增加分数计算、正确答案提示、答题时间限制等功能。

② 如何处理"一个问题,多个答案"的情况?如提问"诗仙是谁?",回答为"李白""李太白"都可以,但本程序只能对一种回答作出判断。

提示: 可设置若干答案列表,将所有的正确答案存放在不同的答案列表中。当用户的回答与某个答案列表中的答案一致时,就会作出"回答正确"的判断,否则作出"回答错误"的判断。

浩浩:"这个程序不复杂,关键是要构建一个内容丰富的试题库,试题库中的试题越多,这个程序就越好玩。"

爸爸:"一个程序是否有价值,不能只看程序本身的复杂程度,还要看程序中的数据量。'国学知识问答'程序的价值就主要体现在试题库方面。"

浩浩:"我原来只关注程序本身的复杂性,看来有点太片面了。"

爸爸:"记住,数据本身也属于程序的一部分。"

学习小结: 程序不仅包含程序指令本身,也包含程序所存放的数据。

2.2.3 编程进阶——国学知识小百科

难度系数:★★★★☆

国学知识小百科程序主要用于收集国学知识的问题和答案,作为我们学习国学知识的笔记本。本程序实际上就是一款比较简单的数据库管理程序。

(1) 程序操作流程

点击"旗子"按钮,程序即开始运行,如图2.10所示。当点击"Input"按钮时,角色提示用户将问题和答案录入数据库;当点击"Look"按钮时,角色将会逐个显示存入数据库中的问题和答案,便于用户浏览。

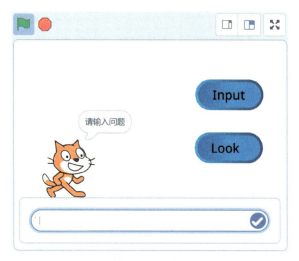

图2.10 国学知识小百科程序运行界面

(2) 程序结构设计

首先需要设计"Input"和"Look"按钮。Scratch编程软件本身没有专门的按钮设计功能,为了实现按钮功能,可采用角色来代替按钮。本程序从Scratch编程软件角色库中选择了一种按钮形状的角色,然后采用造型编辑功能在按钮形状上添加了"Input"和"Look"字符串,从而形成了控制输入功能的"Input"按钮和控制浏览功能的"Look"按钮。

每个角色都需要编写相应的程序,其中小猫的程序如图2.11所示。

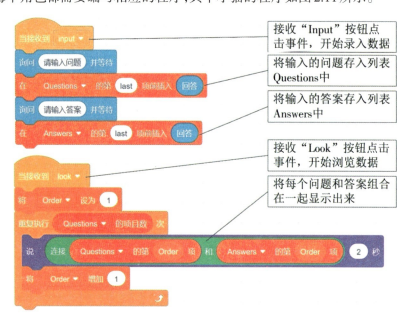

图2.11 小猫的程序

按钮"Input"的程序如图2.12所示。

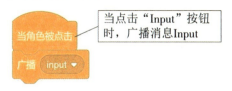

图2.12 角色按钮"Input"的程序

按钮"Look"的程序如图2.13所示。

图2.13 按钮"Look"的程序

(3) 主要参量设置

① "当角色被点击"模块：在"Input"和"Look"按钮的编辑区增加"当角色被点击"模块，用于模拟按钮被点击的功能。

② "广播"模块、"当接收到消息"模块：点击"Input"按钮时，广播"Input"消息，通知小猫按照"当接收到消息"模块后面的指令执行数据录入功能；点击按钮"Look"时，广播"Look"消息，通知小猫按照"当接收到消息"模块后面的指令执行数据浏览功能。

③ "列表元素插入"模块：用于将新录入的数据插入到列表的末尾。

(4) 需要注意的问题

① 本程序相当于制作了一个小型数据库，主要提供数据录入和数据浏览功能。通过本程序也可以看到，列表是一种功能非常强大的模块，提供了常规的数据管理功能，熟悉和掌握列表的用法有助于我们编写功能更为复杂的程序。

② 灵活使用角色功能，实现Windows程序中的按钮功能。Scratch编程软件没有提供专门的按钮设计功能，本程序采用角色来代替按钮，实现了点击按钮的功能。

(5) 程序进一步改进

如何进一步增强数据管理功能？本程序只提供了最为基本的数据录入和数据浏览功能，还不足以构成一个完整的数据库系统，因此需进一步扩展本程序的数据管理功能。

提示： 可根据列表所具有的功能模块，为本程序增加数据删除、数据插入、数据修改、数据查询等功能，以更方便地对国学知识进行管理。

爸爸:"到这里我可以给你普及一下'数据库'的知识了。"

浩浩:"洗耳恭听。"

爸爸:"数据库就是按照数据结构来组织、存储和管理数据的计算机程序。'国学知识小百科'中的数据结构可分为两部分,一部分是试题内容,另一部分是试题答案,试题内容和试题答案这两种数据结合到一起就构成了本程序的数据结构。"

爸爸:"组织数据就是把数据区分为试题内容和试题答案两部分,如果数据不能被区分为这两部分,就说明你给的数据不适合输入到本程序中。"

爸爸:"存储数据在这个程序中体现得很明显,就是把用户输入的试题内容和试题答案这两类数据插入到列表中。"

爸爸:"管理数据包括的工作很多,比如浏览数据、修改数据、删除数据等等,这个程序只体现了浏览数据这项工作。"

浩浩:"看来,要做一个数据库管理程序并不简单呀!"

学习小结:数据库就是按照数据结构来组织、存储和管理数据的计算机程序。

2.3 "支离破碎"找成语

2.3.1 找成语程序的基本原理

这是一款考查用户成语词汇量和反应速度的程序。程序中的角色说出一个排列杂乱的字符串,其中隐藏着一个成语,要求用户找出该成语。找成语程序的运行界面如图2.14所示,其中混乱字符串共含有10个字符。

(a) 提出问题并回答　　　　　　　　(b) 判断对错

图2.14 找成语程序运行界面

2.3.2 找成语的基本程序

难度系数:★★★☆☆

(1) 程序操作流程

点击"旗子"按钮,程序开始运行,这时角色小猫说出一个混乱的字符串,要求用户从中找出一个成语,程序根据回答情况作出正确与否的判断。

(2) 程序结构设计

找成语程序如图2.15所示。

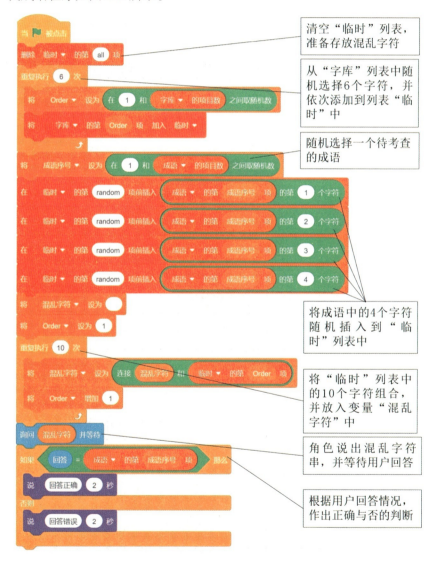

图2.15　找成语程序

(3) 主要参量设置

① "成语"列表:用于存放待考查的成语,如图2.16所示。

图2.16　用于存放成语的"成语"列表

② "字库"列表:用于存放形成混乱字符串的众多字符,如图2.17所示。列表中的字符越多越好。

图2.17　用于存放字符的"字库"列表

③ "临时"列表:是一个临时列表,用于存放构成当前混乱字符串的各个字符,每次出题前都需要清空。

④ "成语序号"变量:用于存放当前选中的成语在列表"成语"中的序号。

⑤ "混乱字符"变量:将列表"临时"中的各个字符组合形成一个字符串,并存入变量"混乱字符"中。

⑥ "列表元素插入"模块:本程序使用了该模块的随机位置插入功能。

(4) 需要注意的问题

形成含有成语的混乱字符串,是确保本程序成功的关键。为了形成混乱字符串,本程序使用了两种策略:一是从"字库"列表中随机选择6个字符,二是将成语中的4个字符随机插入到"临时"列表中。其中存在一个问题,虽然重复对于形式混乱字符串的影响不大,但从"字库"列表中随机选择6个字符有可能会存在字符重复的情况,因此"字库"中的字符越多,重复的可能性就越小。

(5)程序进一步改进

① 本程序结构较为复杂,为了清晰描述程序的核心功能,本程序省略了很多非核心功能。为提高程序的可读性,需进一步丰富其功能。

提示:可增加重复出题、分数计算、答题时间限制、混乱字符串中的字符个数调整等功能。

② 本程序的适用面较广,经过适当改造可形成不同功能的程序。

提示:经过改造,可形成找诗句、找谚语等程序。但这些程序的难度会增加,因为诗句和谚语的字数往往不太一致,需要根据诗句和谚语的字符个数控制混乱字符串中的字符个数。

爸爸:"这个程序中也使用了打乱排序的方法,但相对于'单词联想'和'选单词'程序中的打乱排序方法,是不是简洁很多?"

浩浩:"的确如此,因为我使用了'列表元素插入'模块,并把插入位置设置为随机,这样就可利用Scratch编程软件本身的功能实现打乱排序的目的,而没有必要自己重新编写打乱排序的程序了。"

爸爸:"这种做法很好。一般而言,只要编程软件提供了我们所需要的功能,就没有必要重新编写了,拿过来直接用就可以了。当然这要求你必须全面掌握编程软件的所有功能。"

学习小结:不只是Scratch编程软件,为了方便程序开发,其他编程软件也提供了很多现成的功能,用户可以直接使用,没有必要自己开发,并且编程软件提供的功能运行更稳定、效率更高。

2.4 "规规矩矩"学写字

2.4.1 学写字程序的基本原理

要想写好字,必须正确掌握字的笔顺。汉字的笔顺规则是:先横后竖(如干),先撇后捺(如八),从上到下(如主),从左到右(如林),先进后关(如田),先中间后两边(如水),从外到内(如回)等。如仗,笔顺为:丿、丨、一、丿、㇏。笔顺在一定程度上关系到书写的速度和字形的好坏,笔顺也是小学阶段的语文考试内容。

本程序将向用户展示"程"字的笔顺,主要利用角色造型功能设计程序。首先构建"程"字的笔顺图片,为降低编程难度,可从互联网上搜索"程"字笔顺图片,并针对每个笔顺分别构建一个图片文件；然后构建一个空白角色，并将这些笔顺图片按顺序导入角色造型中，便形成一个包含"程"字笔顺的角色；最后，设计相关笔顺播放控制功能，实现"程"字笔顺的学习，如图2.18所示。

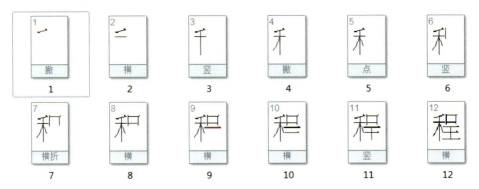

图2.18　12张"程"字笔顺图片

2.4.2　学写字的基本程序

难度系数：★★★☆☆

(1) 程序操作流程

点击"旗子"按钮，程序开始运行，这时程序从头开始自动播放"程"字笔顺。按下"s"键，播放停止；按下空格键，继续播放；按下"r"键，从头开始播放。程序运行界面如图2.19所示。

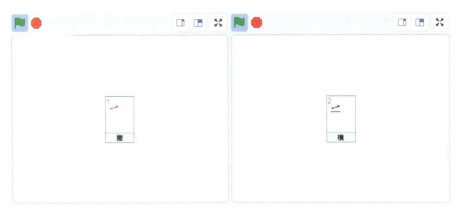

(a) 显示第1个笔划　　　　　　　(b) 显示第2个笔划

图2.19　学写字程序运行界面

(2) 程序结构设计

学写字程序如图2.20所示。

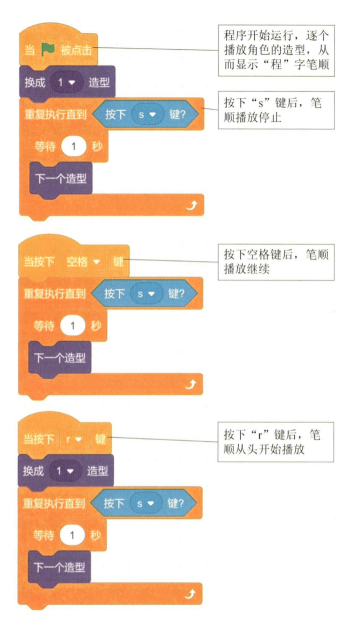

图2.20 学写字程序

(3) 主要参量设置

构建角色"程字笔顺"的造型是设计本程序的关键,主要用于展示"程"字的笔顺,可将12张笔顺图片依次导入到角色"程字笔顺"的造型中,如图2.21所示。

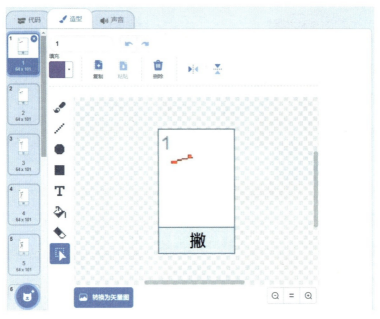

图2.21 角色"程字笔顺"的造型

(4) 需要注意的问题

① 本程序较为简单,重点在于设计笔顺图片,从资源丰富的互联网上搜索笔顺图片是一种快捷的方法,当然我们也要掌握一些基本的图片编辑技巧。Windows系统自带的画图软件操作较为简单,可对图片进行基本的处理,这是一种不错的选择。

② 笔顺播放主要利用了角色的造型切换功能,为确保笔顺正确地播放,需要按笔顺次序逐个导入笔顺图片。

(5) 程序进一步改进

本程序采用角色造型功能播放汉字笔顺,程序界面较为美观,但程序编写非常麻烦,编写一旦完成很难修改,同时不适宜展现多个汉字的笔顺。能否编写一款较为灵活的学写字程序?

提示:可采用列表模块进行笔顺展示,虽然程序美观性有所降低,但却带来了更大的灵活性。

浩浩:"编写这个程序的关键是找到汉字的笔顺图片。我使用了一种投机取巧的方法,就是从互联网上搜索汉字的笔顺图片,然后使用Windows系统自带的画图软件对图片进行处理,将其分割成一张一张的笔顺变化图片。"

爸爸:"这种做法不丢人。互联网就是一个资源丰富的宝矿,里面有我们需要的很多资源,为什么不用呢?"

爸爸接着说:"对于用户而言,能否从互联网上快速找到自己所需要的资源,也是一种能力呀!"

学习小结:互联网是一种公开的资源,谁都可以用。我们也要不断提高从互联网中搜索资源的能力,这样不但能大大提高我们的编程效率,甚至还能够解决超出我们自身能力的问题。

2.4.3 编程进阶——多个汉字笔顺学习

难度系数:★★★★☆

本程序采用列表模块实现汉字笔顺的学习。

(1) 程序操作流程

点击"旗子"按钮,程序即开始运行。角色说出可学习的汉字,供用户选择,本程序提供"程"字和"序"字。用户选择后,角色逐个说出该字的笔顺。程序运行界面如图2.22所示。

(a) 选择汉字　　　　　　　　(b) 针对选择的汉字逐个显示笔顺

图2.22　多个汉字的笔顺学习程序运行界面

(2) 程序结构设计

多个汉字的笔顺学习程序如图2.23所示。

(3) 主要参量设置

① "程字笔顺"列表、"序字笔顺"列表:用于存放相关汉字的笔划,如图2.24所示。在程序中为每个汉字分别设置一个列表,本程序设置了"程"字和"序"字笔顺列表,其中"程"字笔顺为:丿、一、丨、丿、丶、丨、一、丨、一、一、一、丨、一;"序"字笔顺为:丶、一、丿、㇇、丶、一、亅。

② 变量"汉字":用于存放待学习的汉字。本程序将变量"汉字"设置为"程序"。

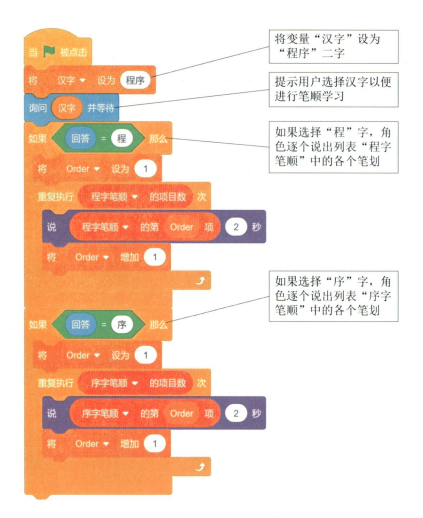

图2.23 多个汉字的笔顺学习程序

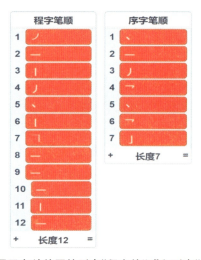

图2.24 用于存放笔画的列表"程字笔顺"和列表"序字笔顺"

(4)需要注意的问题

相对于基本程序,本程序用笔顺列表代替角色造型实现了笔顺的播放。虽然显示效果不如基本程序美观,但却带来了程序编写的便利性。可从汉字输入法中找到各个笔划,并存放到列表中。

(5)程序进一步改进

相对于基本程序,本程序具有很大的灵活性。但是本程序需要为每个汉字分别设置一个笔顺列表,每增加一个汉字都需要新增一个笔顺列表,这样在汉字数量扩充方面存在明显缺陷,因为当汉字数量较多时,会存在大量的笔顺列表。能否对本程序进一步优化,减少笔顺列表数量?

提示: 可设置3个列表。第1个列表存放汉字,第2个列表按序存放每个汉字的笔划数量,第3个列表按序存放每个汉字的所有笔划。程序改进思路为:首先从第1个列表中选中某个汉字,并记录该汉字在列表中的序号;然后从第2个列表中确定该汉字的笔划数;最后,根据该汉字序号和笔划数,从第3个列表中提取出该汉字的所有笔划。

爸爸:"浩浩,你挺厉害,这些稀奇古怪的笔划你是怎么输入到列表中的?"

浩浩得意地说:"我从互联网上找到了笔划的输入方法。可以采用'搜狗拼音输入法',在输入法工具栏上点击'输入方式'按钮,就会弹出'输入方式对话框';然后点击'输入方式对话框'中的'特殊符号'按钮,就会弹出'符号大全对话框',从左侧列表栏中点击'中文字符'列表,就会出现各种笔划,从中进行选择就行了。"

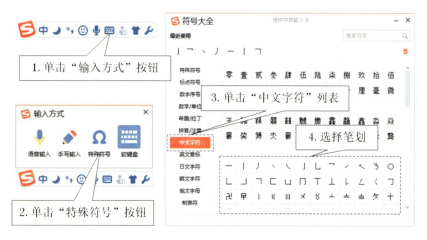

图2.25 笔划的输入方法

爸爸竖起大拇指,道:"互联网资源利用得不错!"

爸爸又瞅了一眼这个程序,皱了一下眉头,道:"你这个程序虽然能够用于多个汉字笔顺的学习,但是运行效果就要差一些了。因为学写字基本程序是动画显示效果,很漂亮,而这个程序却是通过角色说出汉字的各个笔划,显得难看一些。"

浩浩:"爸爸,你说的这一点我也考虑到了。但对于这个程序来说,美观性和方便性很难同时兼顾,不得不顾此失彼了。"

爸爸:"你说得对。针对同一个目的,往往存在多个不同的编程思路,究竟采用哪一种,还需要具体问题具体分析。有时考虑问题的出发点不一样,程序实现效果的差别还挺大呢!"

学习小结:笔划输入比较特殊,可参照本书的方法输入笔划。对于列表而言,笔划和其他字符没什么区别,都能存放。

设计程序的思路往往很多,究竟采用哪一种思路,需要具体问题具体分析。请注意一点,"鱼和熊掌不可兼得",有时不得不容忍一些程序缺陷。

第 3 章

编程与数学

爸爸:"前面我们把编程用到了语文课程学习方面,也算是'小试牛刀'吧。接下来重头戏开始了,我们要把编程用到数学课程学习方面。"

浩浩:"为什么数学编程是重头戏呢?"。

爸爸:"你有这样的问题,说明你还没有真正理解程序的核心功能是什么。程序最核心的功能是进行数据处理,其中涉及很多的数学知识。要想成为一名编程高手,不懂数学是绝对不行的。"

浩浩:"我还以为能做出漂亮的程序界面就算学会编程了。"

爸爸语重心长地说:"很多初学者都有这样的想法。会做漂亮的程序界面只能算是编程的'花拳绣腿',根本无法成为一名编程'大侠'。"

浩浩:"嗯!那我们从哪些数学知识开始学起呢?"

爸爸:"就从你的数学课程学习内容中选吧。后面我们将针对阶乘、排列、数论、几何、统计等典型数学知识,学习 Scratch 程序设计方法。"

浩浩:"好,那我们来实现编程与数学的结合吧!"

学习提示:程序的核心是对数据进行处理。

3.1 "任劳任怨"算阶乘

3.1.1 阶乘编程的计算原理

阶乘是基斯顿·卡曼于 1808 年发明的运算符号,是一种数学用语。一个正整数的阶乘是所有小于及等于该数的正整数的积,自然数 n 的阶乘写作 $n!$,其计算方法如下:

$$n!=1\times2\times3\times\cdots\times(n-1)\times n$$

例如,5!=1×2×3×4×5=120。对于特殊的0!,可直接定义为0!=1。

可以采用迭代的方式计算阶乘n!,如要计算5!,其迭代原理如图3.1所示。由此可以看出,阶乘计算的原理并不复杂,但却十分繁琐。然而,程序却不怕麻烦,它会"任劳任怨"地重复执行同一计算流程,并且运算速度极快,因此阶乘的计算非常适合采用程序的方式实现。

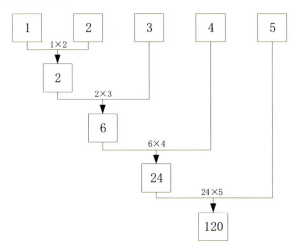

图 3.1　阶乘计算中的迭代原理

学习提示:大家不要被"阶乘"这个深奥的名字吓倒,我们可以把它理解为一种"定义新运算"题型。"定义新运算"是小学数学中难度较大的一种题型,是指用一些特殊的运算符号来表达一种设计特殊的运算形式。对阶乘来说,特殊的运算符号是"!",设计特殊的运算形式就是1×2×3×…×(n−1)×n。

3.1.2　阶乘计算的基本程序

难度系数:★★☆☆☆

(1) 程序操作流程

① 在程序模块中输入待求解的阶乘n。

② 程序运行后,角色回答出相应的阶乘计算答案。

阶乘计算程序运行界面如图3.2所示,此时程序计算出5!的结果为120。

(2) 程序结构设计

程序结构如图3.3所示。程序运行后,角色会回答出相应的答案。

（a）输入阶乘n　　　　　　　（b）计算结果显示

图3.2　阶乘计算程序运行界面

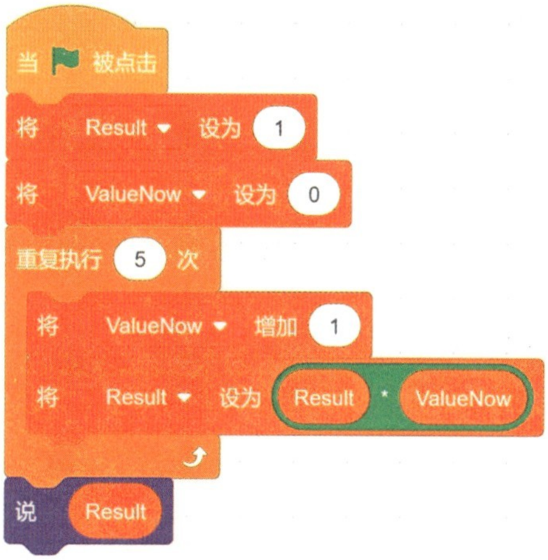

图3.3　阶乘计算程序（以5!为例）

通过上面的程序我们可以看到，程序就是通过反复地迭代实现阶乘的计算。虽然过程很单调乏味，但程序并不在乎，它会忠诚地、任劳任怨地进行计算，直到计算出预期的结果，并且速度很快。

（3）主要参量设置

① Result变量：用于存放阶乘的计算结果，缺省值设置为1。

② ValueNow变量：用于逐个存放阶乘表达式的每步计算结果，缺省值设置为0。

③ "有限重复执行"模块：用于确定阶乘表达式中的数字总个数，通过改变"有限重复执行"的次数控制阶乘中的n值。

（4）需要注意的问题

① Result变量的值在计算过程中是不断变化的。最终的计算结果存放在

Result 变量中，但最终计算结果并不是一次得出的。程序在执行过程中，会不断地更新 Result 的值，在最终结果计算出来之前，Result 中存放的都是最终值的中间结果。

② 需要依次提取阶乘中的各个自然数。阶乘中的各个自然数需要依次提取，每次提取的自然数都存放在 ValueNow 变量中，然后将 ValueNow 与 Result 相乘，并将乘积结果赋予 Result 变量，从而实现 Result 变量的更新。在本程序中，通过将 ValueNow 变量逐次加 1，从而实现阶乘中各个自然数的提取。

（5）程序进一步改进

该程序实现了阶乘的基本计算，但还不是特别完善，现在再提出 2 个问题，以便进一步改进程序。

① 如何通过界面交互的方式灵活输入 n 值？当前程序是通过修改后台程序中的"重复次数"来确定 n 值的，程序使用起来不太方便，要是能够通过程序运行界面输入 n 值就好了。

提示：主要使用侦测面板中的"询问并等待"模块和"回答"模块来解决输入 n 值的问题。

② 如何避免 n 值过大？如果 n 值过大，阶乘计算的结果也会很大，甚至会超出程序的计算极限，导致计算错误，因此 n 值不能过大，要对 n 值的大小进行控制。

提示：我们可采用手动方式进行测试，看看当 n 多大时，计算结果就不准确了。主要采用控制面板中的"如果-那么"模块以及数字和逻辑运算面板中的">"或"<"模块控制 n 值大小，避免出现 n 值过大的情况。

浩浩："阶乘计算程序的设计原理挺简单的，我懂了。"

爸爸："你可不要小瞧这个程序，它很有代表性。"

浩浩："是吗？"

爸爸："当数据量较大时，并且每次的数据处理过程完全一样，就可以采用循环的方式对数据进行处理，比如阶乘计算程序就是这样的。这就是程序为什么能'任劳任怨'的原因。"

浩浩插话道："其实利用程序进行计算也没有什么神秘的，无非是把手工计算转化为计算机自动计算。"

爸爸："正是如此。这种数据循环处理方式很有代表性，在程序编写过程中经常使用。利用这种方式，能够将很繁琐的计算过程用非常简单的程序结构实现出来。"

学习小结：对于一个数列，如果每次的数据处理过程完全一样，就可以采用循环迭代的方式编写程序。

3.1.3 编程进阶——计算若干连续自然数乘积

难度系数：★★☆☆☆

根据阶乘基本计算原理，现考虑如何计算若干连续自然数的乘积，即初始值为 n_1，最终值为 n_2，如何计算下式：

$$n_1 \times (n_1+1) \times (n_1+2) \times \cdots \times n_2$$

假设取 $n_1=3$，$n_2=5$，如何计算 $3 \times 4 \times 5$。计算程序如图 3.4 所示，该程序与基本程序差别不大，通过设置 ValueStart 变量控制初始值 n_1，通过设置 ValueEnd 变量控制最终值 n_2。

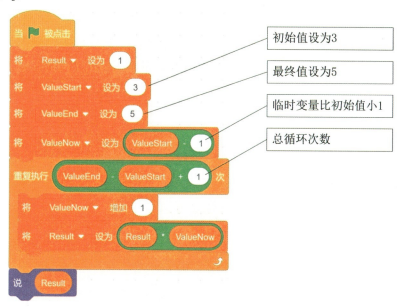

图 3.4 计算若干连续自然数乘积（以 3×4×5 为例）

该程序相对于阶乘的基本程序有了较大的变化：

① 设计了 ValueStart 和 ValueEnd 两个变量。其中 ValueStart 用于存放初始值，ValueEnd 用于存放最终值。

② ValueNow 变量的初始值比 ValueStart 小 1。在基本程序中，变量 ValueNow 的初始值为 0，而本程序中 ValueNow 的值是根据 ValueStart 确定的。但细心的同学会发现，其实这两种做法并没有什么区别，在阶乘的基本程序中 ValueStart 的值为 1，如果利用本程序计算阶乘，那么 ValueNow 的初始值还是为 0，也就是说采用本程序计算阶乘是完全没有问题的。

③ 迭代次数是由 ValueStart 变量和 ValueEnd 变量共同控制的。迭代循环次数是本程序的核心，有几个自然数就需要迭代几次，很明显，迭代次数的计算方法为：

ValueEnd-ValueStart+1。这不就是植树问题中计算树木数量的公式吗？要想学会编程,不学好数学是绝对不行的。

浩浩:"这个程序和阶乘计算基本程序很相似,算不上很复杂。我感觉我还能用其他方法实现。"

爸爸:"说来听听。"

浩浩:"这个程序利用的是'有限重复执行'模块,我觉得采用'重复执行直到'模块也是可以的。当变量ValueNow的数值超过变量ValueEnd时,循环就可以结束了。"

爸爸:"你的思路也是对的。这也告诉我们,不同同学针对同一目标编写出来的程序非常有可能不一样。程序越复杂,就越不可能完全一样。"

学习小结:编程就像写文章,针对同一个题目,我们会写出完全不同的文章。编写程序也是这样的,针对同一个目标,也完全有可能编写出不同的程序。

3.1.4 编程进阶——计算等差数列的和

难度系数:★★★☆☆

等差数列的和也可采用迭代的方式进行计算,迭代原理与阶乘计算原理非常类似。设等差数列的初始值为 n,公差为 d,数字总个数为 m,等差数列和的计算方法如下:

$$n+(n+d)+(n+2d)+(m-1)d$$

假设取 $n=3, d=2, m=5$,计算程序如图3.5所示,下列对其中几个关键环节进行说明:

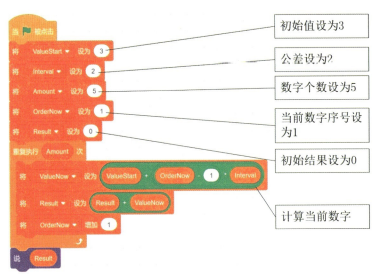

图3.5 计算等差数列的和(以 $n=3, d=2, m=5$ 为例)

① 设置ValueStart变量用于存放初始值n,本程序设为3。
② 设置Interval变量用于存放公差d,本程序设为2。
③ 设置Amount变量用于存放数字总个数m,本程序设为5。
④ 设置OrderNow变量用于存放数列中当前数字的序号,缺省值设为1。
⑤ 设置Result变量用于存放等差数列求和结果,缺省值设为0。
⑥ 设置"重复执行"模块用于控制叠加次数,重复执行的次数与Amount变量的值相等。

程序运行后,角色会回答出相应的答案。

程序中有2个问题希望引起重视:

① 当前数字的计算方法。本程序中的等差数列求和方法同阶乘计算方法一样,也是一种迭代算法,需要把当前数字逐个计算出来,然后叠加到Result变量中。当前数字的计算方法是:$n+(x-1)d$,其中x表示当前数字的序号。

② 存在不同的等差数列给定条件。本程序将初始值、公差、数字总个数这3个参数作为等差数列的给定条件,根据这3个参数可以确定一个等差数列。除此之外,还存在其他的等差数列给定条件:给定初始值、公差、最终值,给定最终值、公差、数字总个数,或者给定初始值、最终值、公差等。我们也可尝试使用不同给定条件下的编程方法。

浩浩问道:"可是我们已经学过等差数列的求和公式了,非常简单。编这个等差数列求和的程序还有必要吗?"

爸爸:"你说得对。编这个程序的目的不是为了计算等差数列的和,而是为了让你进一步熟悉这种循环迭代程序的编写思路。"

爸爸接着说:"如果对于一些复杂的数列,你没有学过相关的求和计算公式,这时你就要编写'任劳任怨'的循环迭代程序了。"

浩浩央求道:"举个例子吧!"

爸爸:"比如说针对一个等差数列,我们要计算这个数列中所有数据平方的和,你学过平方的求和公式吗?"

浩浩:"没有呀!"

爸爸:"这时你就只能采用'任劳任怨'的循环迭代程序了。所以,阶乘计算基本程序很有代表性,经过改造能够用于很多迭代运算场合。"

学习小结:采用循环迭代方式解决数据处理问题,不一定是最佳的方式,但却是我们解决数据处理问题的最后防线。当你无法解决一个复杂的数据处理问题时,那就想想"任劳任怨"的程序吧。

3.1.5 编程进阶——计算极限

难度系数：★★★☆☆

将无穷个正数加到一起，它们的和是无穷大吗？一般情况下是这样的，但对于某些特殊数列来说却不是这样，这些数列中的数字个数是无穷的，但这些数字的和却是有限的，随着数字个数的增加，这些数字的和会逐渐逼近某个数值——极限，但却不会超过极限。如下面这个算式：

$$\frac{1}{2}+\frac{1}{4}+\frac{1}{8}+\cdots+\frac{1}{2^n}$$

随着数字总个数 n 的增加，上面算式的结果会越来越逼近于1，但却不会超过1。这一结论可以通过程序计算的方式进行验证，计算程序如图3.6所示，该程序用于计算数列中前3个数字的和，下列对其中几个关键环节进行说明：

① 设置 Amount 变量用于存放数列中数字总个数 n，本程序值设为3。
② 设置 OrderNow 变量用于存放数列中当前数字的序号，缺省值设为1。
③ 设置 ValueNow 变量用于存放数列中当前数字的数值，缺省值设为1。
④ 设置 Result 变量用于存放计算结果，缺省值设为0。
⑤ 设置"重复循环"模块用于确定阶乘表达式中的数字总个数，初始值设为5，通过改变"重复执行"的次数可控制阶乘中的 n 值。

程序运行后，角色会回答出相应的答案。

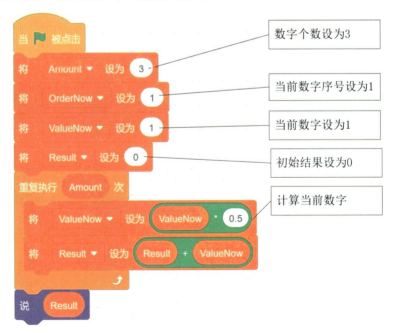

图3.6　计算极限

为了便于观察随着数字个数的增加,数字和的变化趋势,我们分别计算数字个数为1、2、3、4、5、6、7、8、9、10时数字和的取值情况,如表3.1所示。很明显,数字和是逐渐增加的,和最终趋近于1,但不会超过1。

表3.1 数字和的变化情况

数字个数	1	2	3	4	5	6	7	8	9
和	0.50	0.75	0.88	0.94	0.97	0.98	0.99	1.00	1.00

程序中有1个问题,希望引起重视:计算结果中的1并不是真正的1。

在表3.1中,我们看到和的取值最终变为了1。但根据理论分析,和是不可能为1的,当数字个数有限时,和是要小于1的,这是怎么回事呢?这个问题就涉及计算机的计算精度了,对于一个具有很多小数位的数来说,计算机不具有存放所有小数位的能力,只能存放前面若干个小数位,而多余的小数位只能舍弃掉。在舍弃多余小数位的时候遵循"四舍五入"的原则,所以会出现计算结果为1的情况,这个1是"四舍五入"得到的,并不是真正的1。当数字个数为8时,和的实际取值为0.99609375,当保留2位小数时,该值自然就近似为1。由于Scratch编程软件只保留2位小数,所以数字个数为8时,计算结果就趋近极限了。如果换成其他精度更高的编程语言,其保留的小数位会远远超过2位,在数字个数为8时,计算结果将不会为1。

现在再提出2个问题,以便进一步改进程序:

① 当数字个数逐次增加时,如何逐次输出数字和的计算结果,以便于我们观察计算结果的变化情况。在基本程序中,只能计算特定数字个数条件下的和,无法连续计算不同数字个数条件下的和,因此难以观察和的变化趋势。如何在一个程序中计算不同数字个数条件下的和呢?

提示:可设置一个列表变量,用于存放不同数字个数条件下的计算结果。

② 基本程序中要求基本数字为$\frac{1}{2}$,如果换做其他数,和又会呈现出哪些变化趋势呢?

提示:该问题很容易解决,只要调整基本程序中的当前数字计算部分即可。

爸爸:"这个计算极限程序涉及编程中很重要的一个问题。"

浩浩:"什么问题。"

爸爸:"数据的精度问题。比如对圆周率来说,它是一个无限不循环小数,我们能把圆周率中的所有数字都存放到一个变量中吗?"

浩浩:"恐怕不行吧。圆周率中的数字是无穷无尽的,而计算机的容量却是有限的。"

爸爸："那你想想计算机会怎么处理这种无穷无尽的情况呢？"

浩浩："那就只存放一部分数据吧！"

爸爸笑道："对喽！这就是数据的精度问题，我们可以存放2位小数，可以存放3位小数，甚至更多位的小数。但不管怎么多，总是有限的位数。这个位数的多少就是数据的精度。"

浩浩："那肯定是位数越多，精度就越高喽！"

爸爸："对！与数据精度问题类似，还存在一个数据范围问题，那就是数据不能太大，也不能太小，要在计算机能够处理的范围内。"

浩浩："编写阶乘计算基本程序时已经说过这个问题了。数据的大小既没有上限，也没有下限，同样是无穷无尽的，计算机也只能存放一定大小的数据。"

学习小结："数据精度"和"数据范围"是编程过程中必须注意的2个问题，我们一定要注意程序中是否存在小数位数过多，或者是数据过大或过小的问题。如果存在这些问题，超出了Scratch的数据处理能力，那么要么转换编程思路，要么"缴械投降"，毕竟Scratch不是万能的！

3.2 "屡败屡战"算排列

3.2.1 排列计算的原理

将 n 个不同的元素按照一定的顺序排成一列，叫作一个排列。假设有3个元素A、B、C，这3个元素存在6个排列，分别是：ABC、ACB、BAC、BCA、CAB、CBA。要想把所有的排列都列举出来，是一件非常让人头痛的事情，元素数量越多，越难以一一列举，很容易让人头脑混乱。这样的事情交给计算机去做再合适不过了，计算机会井井有条地把每一个排列都计算出来。排列计算原理如图3.7所示，首先设置3个相同的列表（多个元素的集合），每个列表都含有A、B、C这3个元素，然后从每个列表中分别取出1个元素，这样就取出了3个元素，最后做一下判断，如果这3个元素都不相同，那么它们就能组成一个有效的排列。如果有任意2个元素相同，则无法构成有效的排列，显然这是一种"试错"方法，需要"屡败屡战"，直至找到所有有效的排列。

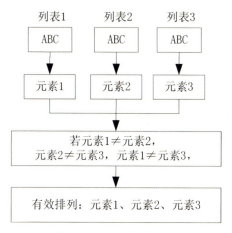

图 3.7 排列计算原理图

3.2.2 排列计算的基本程序

难度系数：★★★☆☆

（1）程序操作流程

该程序用于计算元素 A、B、C 所能构成的各种排列。

① 在程序模块中的 Chain1、Chain2、Chain3 列表中分别输入元素 A、B、C。

② 程序运行后，Result 列表中给出相应的排列计算结果。

排列计算程序的运行界面如图 3.8 所示，此时程序计算出 A、B、C 的排列结果为 ABC、ACB、BAC、BCA、CAB、CBA。

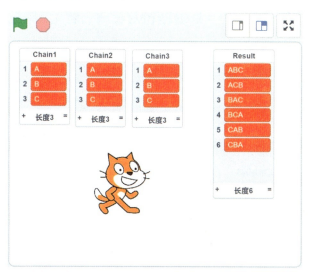

图 3.8 排列计算程序运行界面

(2) 程序结构设计

计算排列的程序结构如图3.9所示。程序运行后,列表Result会给出排列计算结果。

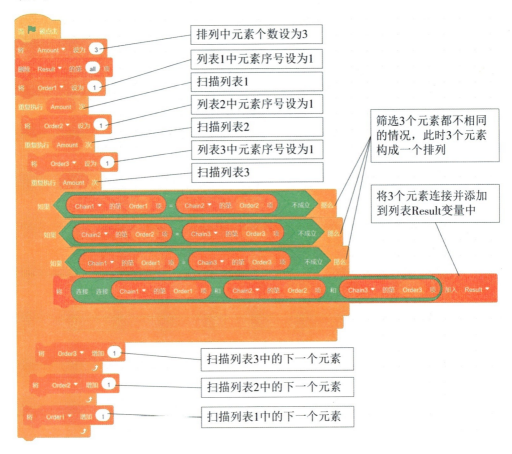

图3.9 排列计算程序(以A、B、C为例)

(3) 主要参量设置

① Chain1、Chain2、Chain3 列表:3个列表完全相同,用于存放元素 A、B、C,Chain1列表如图3.10所示,Chain2、Chain3与Chain1相同。

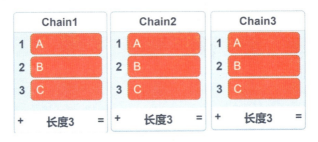

图3.10 用于存放 A、B、C 的列表

② Amount 变量：用于确定排列中的数字个数，缺省值设置为3。

③ Order1、Order2、Order3 变量：分别用于存放 Chain1、Chain2、Chain3 列表中当前元素的序号，在扫描每个列表之前，该序号值都设为1，即从第一个元素开始扫描。

④ "逻辑判断"模块：设置3个，分别用于判断 Chain1 的当前元素与 Chain2 的当前元素是否相同、Chain2 的当前元素与 Chain3 的当前元素是否相同、Chain1 的当前元素与 Chain3 的当前元素是否相同，当这3个元素两两不同时，可构成1个有效的排列。

⑤ "连接"模块：用于将3个元素组合成为1个字符串。

⑥ Result 列表：用于存放所有的排列计算结果，如图3.11所示。

图 3.11　Result 列表中的排列计算结果

（4）需要注意的问题

该程序的编写思路较为简单，通过列举出所有可能的组合情况，然后从中筛选出符合要求的组合。其中判断组合是否有效是程序中的关键环节，要对所有可能的两两元素组合情况进行判断，否则就会出现无效组合的情况。例如判断 Chain1、Chain2、Chain3 中的元素是否都不相同，只判断 Chain1 当前元素与 Chain2 当前元素是否相同、Chain2 当前元素与 Chain3 当前元素是否相同是不够的，还需判断 Chain1 当前元素与 Chain3 当前元素是否相同。假设 Chain1 的当前元素为 A、Chain2 的当前元素为 B、Chain3 的当前元素为 A，此时若不判断 Chain1 当前元素与 Chain3 当前元素是否相同，将会出现 ABA 这种无效组合。

（5）程序进一步改进

① 当元素的数量为4、5、6等情况时，又该如何计算排列？

提示：该问题不难解决，需要调整列表中元素的数量，同时增加"有限重复执行"模块的数量。但这样会使程序的结构变得更加复杂，在编写程序时一定要小心。

② 本程序设置了3个列表Chain1、Chain2、Chain3,使用程序时需要分别在这3个列表中输入完全相同的数据,操作起来非常麻烦,能否简化数据的输入过程?

提示:可设置1个专门用于输入数据的列表Chain,另外3个列表Chain1、Chain2、Chain3从Chain中读取数据。

浩浩有些不屑,道:"我感觉这个程序编得有点笨拙,像一个没头苍蝇一样撞来撞去!要是用人工方式表现这一过程,非让人笑掉大牙不可。"

爸爸:"你以为计算机有多聪明呢!很多时候它就是这么傻傻地去解决一些问题。但有一点你要认识到,那就是计算机的处理速度非常快,即使笨一点也没关系,它也能很快给出我们答案。"

浩浩:"这倒是。"

爸爸:"其实有很多问题我们都没有巧妙的解决方法,只能这么傻傻地去尝试。在计算机出现之前,我们可试不起。有了计算机以后,这么试也就无所谓了。你听说过'四色定理'吗?"

浩浩:"没有。"

爸爸:"有这么一个猜想,任何一张地图只用四种颜色就能使具有共同边界的国家涂上不同的颜色。这个猜想应该是正确的,但一直没有给出严密的证明。"

浩浩:"哦,那就用计算机去试呗。如果找不出反例,就说明猜想是正确的。"

爸爸:"科学家们就是这么做的。科学家们用了1200个小时,利用计算机程序做了100亿个判断,结果没有一张地图是需要五色的。就是通过这种'屡败屡战'的笨方法,最终证明了四色问题,轰动了世界。"

学习小结:计算机的突出特点是处理数据速度快,但它处理问题的思路却不一定是最巧妙的。

3.2.3 编程进阶——计算任意排列

难度系数:★★★★☆

基本程序中计算的是全排列,属于排列中的一种特殊情况。排列的基本定义是:从 n 个不同元素中取出 $m(m \leq n)$ 个元素,按照一定的顺序排成一列,称为从 n 个元素中取出 m 个元素的一个排列。特殊情况是,当 $m=n$ 时,这个排列被称为全排列。基本程序中给出 A、B、C 共3个元素,对这3个元素进行组合以构成各个排列,显然这是一种全排列情况。

现在我们编写一个更为一般的排列计算程序。假设有4个元素 A、B、C、D,从这4个元素中取出3个元素可构成若干个组合,要如何编写该程序呢?下面给出该程序的编写方法。

（1）程序操作流程

① 在程序模块中的Chain1列表中输入元素A、B、C、D。

② 程序运行后，Result列表中给出相应的排列计算结果。

计算任意排列程序的运行界面如图3.12所示，此时程序计算出A、B、C、D元素所能构成的3元素排列。

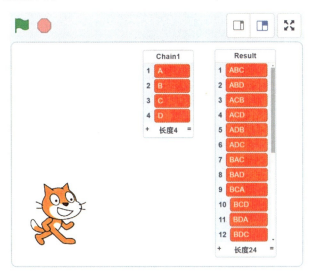

图3.12　计算任意排列程序运行界面

（2）程序结构设计

计算任意排列的程序结构与基本程序结构完全相同，只需将Amount变量设为4即可。计算结果存放在Result变量中，如图3.13所示。

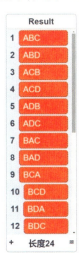

图3.13　Result列表中的排列计算结果

(3) 主要参量设置

可在不改变基本程序架构的条件下解决任意排列计算问题，只需将基本程序中的Chain1、Chain2、Chain3列表中的元素设置为A、B、C、D，并将Amount变量设置为4即可，如图3.14所示。

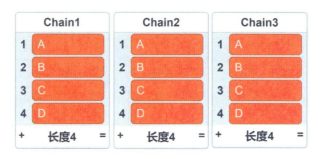

图3.14 用于存放A、B、C、D的列表

(4) 需要注意的问题

① "有限重复执行"模块的数量与取出元素的数量相等。每个"有限重复执行"模块用于取出一个元素，因此需要取出几个元素就需要使用几个循环模块。

② 存放元素列表的数量与取出元素的数量相等。每个元素都是从相应的存放元素的列表中取出的，因此需要取出几个元素就需要设置几个列表，用于存放所有的元素。

③ 取出的元素是否存在相同元素需要两两比较。这是一个较为繁琐的过程，只有通过两两比较，才能确定所有的取出元素都不相同，也才能构成一个有效的排列。

(5) 程序进一步改进

从5个元素中取出2个元素，从5个元素中取出3个元素构成排列，此时程序又该如何编写呢？

提示：该问题不难解决，需要调整列表中元素的数量，同时调整"有限重复执行"模块的数量。但却会使程序的结构变得更加复杂，在编写程序时一定要小心。

浩浩："挺有意思的。在排列计算基本程序上稍作改动，就可以实现任意排列的计算了。"

爸爸："这就叫作'以不变应万变'，这也是计算机程序的一个突出特点。正是因为程序容易修改，我们才有了'屡败屡战'的底气！"

学习小结：计算机程序往往能够解决一类问题，而不仅仅局限于某一个问题。当把程序的输入条件改变后，相当于又提出了一个新问题。这也是编程引人入胜的一个原因。

3.2.4 编程进阶——计算组合

难度系数:★★★★★

组合也是一个数学名词,但它与排列是不同的。从 n 个不同的元素中,任取 m ($m \leq n$) 个元素为一组,叫作从 n 个不同元素中取出 m 个元素的一个组合。组合与排列相比,它不考虑元素之间的排序,只要元素的类型是一样的,就是一个组合。如 ABC 与 ACB 是不同的排列,但它们却是同一个组合,因为 ABC 和 ACB 都含有相同的元素 A、B、C。

假设有元素 A、B、C、D、E,从其中取出 3 个元素构成组合,那么能够构成多少个组合呢?该问题的计算原理如图 3.15 所示。将元素 A、B、C、D、E 存放在列表中,首先取出第 1 个元素,并记下其位置 1;然后在位置 1 的后面取出第 2 个元素,并记下其位置 2;最后在位置 2 的后面取出第 3 个元素,并记下其位置 3;这 3 个元素即构成一个组合。计算组合的核心是:确保位置 1、位置 2、位置 3 按照大小顺序统一排列。下面给出该程序的编写方法:

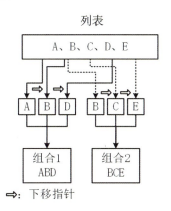

图 3.15 排列计算原理图

(1) 程序操作流程

① 在程序模块中的 Chain 列表中输入元素 A、B、C、D、E。
② 程序运行后,Result 列表中给出相应的组合计算结果。

计算组合程序的运行界面如图 3.16 所示,此时程序计算出 A、B、C、D、E 元素中所能构成的 3 元素组合。

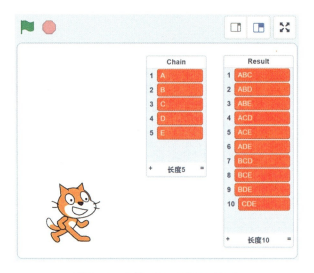

图3.16 计算组合程序运行界面

(2) 程序结构设计

计算组合的程序如图3.17所示。

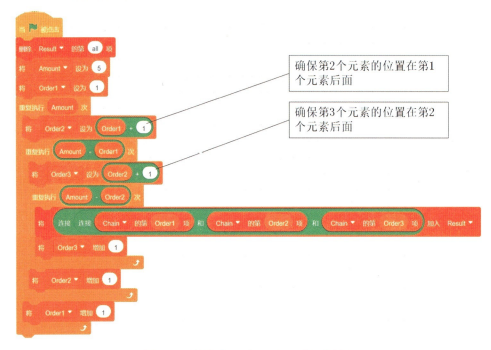

图3.17 计算组合程序(以5中取3为例)

计算结果存放在Result列表中,如图3.18所示。

图3.18　Result列表中的组合计算结果

（3）主要参量设置

① Chain列表：用于存放A、B、C、D、E这5个元素，如图3.19所示。

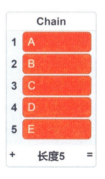

图3.19　用于存放A、B、C、D、E的列表

② Order1、Order2、Order3变量：分别用于存放第1个元素、第2个元素、第3个元素在列表Chain变量中的位置序号，并确保Order3>Order2>Order1。

③ Result列表：用于存放组合计算结果。

（4）需要注意的问题

程序中的"有限重复执行"模块在特殊条件下有可能会出现执行次数为0或负数的情况。如第1个元素位置为5时（Order1=5），根据程序流程，第2个元素的位置为6（Order2=Order1+1=6，实际上列表中只有5个元素，位置6无意义），此时第2个"重复执行"模块的执行次数为0（5-5=0），第3个"重复执行"模块的执行次数为-1（5-6=-1），虽然这在逻辑上是错误的，但并不影响计算结果，因为此时"重复执行"

模块并不运行。

(5) 程序进一步改进

① 从5个元素中取出2个元素,从5个元素中取出4个元素构成组合,此时程序又该如何编写呢?

提示: 该问题不难解决,需要调整"有限重复执行"模块的数量,关键是确保元素位置序号有序排列。

② 本程序的编写思路与计算排列程序的"试错"思路有很大不同,能否用本程序的思路重写计算排列的程序?

提示: 以从5个元素中取出3个元素构成排列为例,第1个"有限重复执行"模块需要扫描5个元素,第2个"有限重复执行"模块需要扫描4个元素(排除第1个"重复执行"模块中扫描的元素),第3个"有限重复执行"模块需要扫描3个元素(排除第1个"有限重复执行"模块中扫描的元素和第2个"有限重复执行"模块中扫描的元素)。

浩浩:"这个程序编得还挺巧妙,里面没有'试错'的环节,每一次计算出来的都是正确结果。"

爸爸有些得意,道:"那是当然,这和用户的水平是密切相关的。"

浩浩:"但是其理解难度大,不如'屡败屡战'的方法容易理解。"

爸爸:"采用'试错'方法解决这个问题也是可以的,但显然会降低效率。如果试错次数过多,超出我们的忍耐程度,那就要想办法减少试错的次数。如何减少试错次数,是考查用户能力的一个重要指标。"

学习小结: 试错如果超出了我们的忍耐程度,也就不是好方法了。如何减少试错的次数,是每一个用户必须面对的问题。

3.3 "暴力破解"判质数

3.3.1 质数判断原理

对数值较大的数来说,判断其是否为质数不是一件很容易的事。但是对计算机来说,就是一件非常简单的事情,可以采用"暴力破解"的方法,逐一判断比该数小的数能否将其除尽,若不存在某数能将其除尽(除1和该数本身外),说明该数为质数,否则为合数。质数判断原理如图3.20所示。这个方法是不是很"暴力"?"简单+粗暴"就是这种方法的特点。

图 3.20　质数判断原理图

3.3.2　质数判断的基本程序

难度系数：★★☆☆☆

(1) 程序操作流程

① 在程序模块中输入待判断的数。

② 程序运行后，角色回答出相应的判断结果。

质数判断程序的运行界面如图 3.21 所示，此时程序判断 29 是质数。

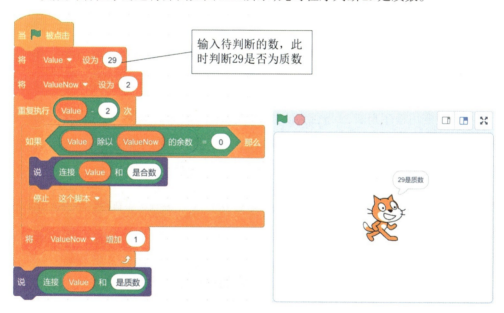

图 3.21　质数判断程序运行界面

(2) 程序结构设计

判断质数的程序如图 3.22 所示。该程序用于判断 29 是否为质数，该程序的结构较为简单。

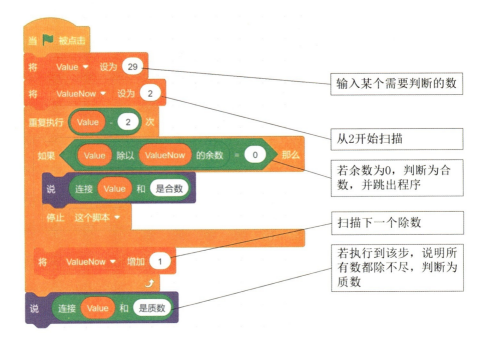

图 3.22　质数判断程序（以判断 29 为例）

(3) 主要参量设置

假设要用程序判断 29 是否为质数，其变量设置较为简单。

① Value 变量：用于存放待判断的数，本程序要判断的数为 29。

② ValueNow 变量：用于存放需要逐个扫描的除数，从 2 开始扫描，若当前除数不能被除尽，将其加 1 进行下一轮扫描．

③ "求余"模块：用于判断 Value 能否被 ValueNow 整除，如果余数为 0，说明能被整除，则该数为合数，否则为质数。

(4) 需要注意的问题

程序中使用了一个"停止"模块，当某数能被整除时，说明待判断的数为合数，程序停止运行。采用"停止"模块，可简化程序结构。

(5) 程序进一步改进

① 如何通过界面交互的方式灵活输入待判断的数？当前程序是通过修改后台程序中的 Value 来输入待判断的数，程序使用起来不太方便，要是能通过程序运行界面输入数据就好了。

提示：主要采用侦测面板中的"询问并等待"模块和"回答"模块解决输入数据的问题。

② 能否进一步提高程序运行效率？本程序十分"暴力"，是将所有可能的数都进行扫描，以判断某数是否为质数，这么做有必要吗？

提示：该问题主要考查我们对数论知识的掌握程度，在程序运行过程中，利用的相关数论知识越多，越能够有效提高程序运行的效率。例如任何自然数都不可能被大于其一半的自然数整除，因此只需扫描到该数的一半位置即可，这样效率就会提高一倍。

浩浩："这种'暴力破解'的编程方法，我感觉也是一种'试错'的方法。"

爸爸："有道理，这种方法其实和'屡败屡战'的编程思路是一致的。但是却给我们提供了一个如何减少'试错'次数的好案例。"

浩浩："明白。比如一个数根本就不可能存在大于它一半的因数，这时搜索到该数的一半就可以了，就能将'试错'次数减半。"

爸爸："你看，这就需要你对质数的知识有更多的掌握，否则你是不会找到减少'试错'次数的方法的。"

浩浩："看来学好学校课程，对于提高编程能力的确是有帮助的。"

学习小结：程序编写也存在一个优化的问题，在能解决问题的前提下，我们希望程序运算速度越快越好。当然这就需要我们掌握更多的知识，不能仅仅局限于程序本身。

3.3.3 编程进阶——质数列举

难度系数：★★★☆☆

本程序的目的是要把若干连续自然数中的所有质数都列举出来，例如把5到11之间所有的质数都列举出来。

(1) 程序操作流程

① 在程序模块中输入初始值(本程序为5)和最终值(本程序为11)。

② 程序运行后，Result列表中给出相应的质数列举结果。

质数列举程序的运行界面如图3.23所示，此时程序列举出5到11之间的所有质数。

(2) 程序结构设计

列举质数的程序如图3.24所示，此时程序要把5到11之间所有的质数都列举出来。

质数列举结果存放在Result列表中，如图3.25所示。

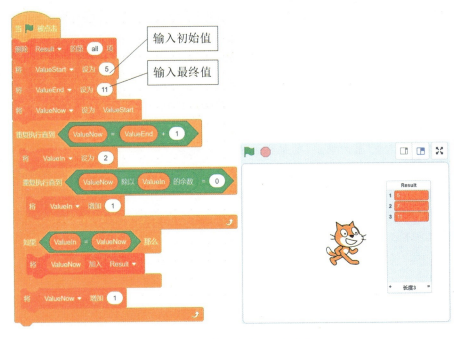

图 3.23 质数列举程序运行界面

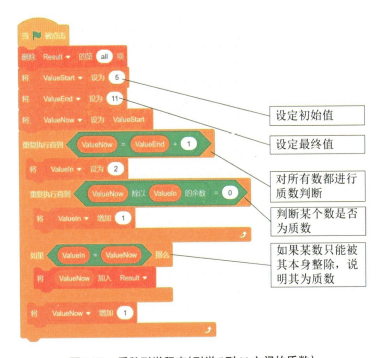

图 3.24 质数列举程序（列举 5 到 11 之间的质数）

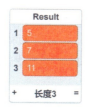

图 3.25　Result 列表中的质数列举结果

(3) 主要参量设置

① "重复执行直到"模块：设置 2 个该模块，第 1 个"重复执行直到"模块用于逐个扫描数列中的每一个数字，第 2 个"重复执行直到"模块用于判断当前数字是否为质数。

② ValueStart 变量：用于存放数列初始值，本程序设置为 5，设置变量 ValueEnd 用于存放数列最终值，本程序设为 11。

③ ValueNow 变量：用于存放数列中的当前值，缺省值与初始值 ValueStart 相等。

④ ValueIn 变量：用于判断其能否被 ValueNow 整除，其位于内循环之中。

⑤ Result 列表：用于存放质数列举结果。

(4) 需要注意的问题

① 需要准确控制"重复执行直到"模块的终止条件。本程序采用了"重复执行直到"模块，该模块不同于"有限重复执行"模块，其执行次数是根据运行条件确定的，而"有限重复执行"模块的执行次数是根据具体数值确定的。第 1 个"重复执行直到"模块的终止条件是：当前值 ValueNow 比最终值 ValueEnd 大 1，确保数列中的所有数字被取到；第 2 个"重复执行直到"模块的终止条件是：当前值 ValueNow 能被 ValueIn 整除，显然，如果 ValueNow 只能被其本身整除，说明其为质数。

② 初始值 ValueStart 的值必须大于或等于 2。本程序没有容错性，如果 ValueStart 设置为 1，那么程序将无法输出预期结果，从理论上讲，1 是没有必要判断其是否为质数的。我们可采取一定的控制措施，避免用户将 ValueStart 设置为 1。

爸爸："考你一个问题，如果我想把某个数据存放起来，以便于其他程序模块使用，那该怎么做？"

浩浩稍加思索，道："设置一个变量就行了，然后把数据存放到这个变量中就可以了，需要用到数据面板中的'变量设定'模块。"

爸爸："说得不错。再问你一个问题，如果我想把一组数据存放起来，又该怎么做？"

浩浩不以为然地说："那有什么难的，一组数据里面有几个数据，就设置几个变量，不就解决问题了。"

爸爸："这种做法也凑合。但是如果我事先也不知道有几个数据,那该怎么办呢？比如在'质数列举'这个程序里,我们事先就不知道数列里究竟有几个质数。"

浩浩："那就需要使用列表了,利用列表中的'列表末尾元素添加'模块就可以把数据一个一个存放到列表中了。"

爸爸赞扬道："掌握得不错。如果数据量大,并且事先难以确定数据个数,这时就必须采用列表了,此时列表相当于一个小型数据库。"

学习小结： 列表是Scratch编程软件中非常有用的一种功能。当数据量较大、数据变化频繁、数据个数不确定时,都可以考虑使用列表。列表就是一种小型的数据库。

3.3.4 编程进阶——质因数分解

难度系数：★★★★☆

质因数分解的目的是将某个合数分解为若干质数的乘积。以90为例,其分解质因数的结果为

$$90 = 2 \times 3 \times 3 \times 5$$

(1) 程序操作流程

① 在程序模块中输入1个合数(本程序为90)。

② 程序运行后,Result列表中给出相应的质因数分解计算结果。

质因数分解程序的运行界面如图3.26所示,此时程序列举出90的所有质因数,包括2、3、3、5。

图3.26 质因数分解程序运行界面

(2) 程序结构设计

质因数分解的程序如图3.27所示。

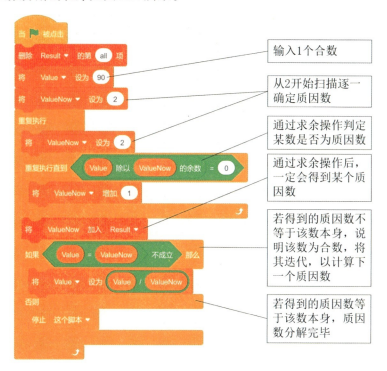

图3.27　质因数分解程序(以90为例)

质因数分解的计算结果存放在Result列表中，如图3.28所示。

图3.28　Result列表中的质因数分解结果

(3) 主要参量设置

① Value变量：用于存放待分解的合数，本程序设为90。

② ValueNow变量：用于存放待分析的质因数，缺省值设置为2，即从2开始搜索各个质因数。

③ "无限重复执行"模块：用于逐步找寻质因数，由于"无限重复执行"模块不需要设置终止条件，所以使用起来很简单，但需要在循环内部设置终止条件，避免

出现死循环。

④ 组合运用"有限重复执行"模块和"求余"模块:用于判断ValueNow是否为质因数。

⑤ "如果–否则"模块:用于判断Value的质因数分解过程是否可以结束,如果得到的质因数ValueNow与Value相等,说明Value本身就是质因数,则分解过程结束,否则就要对Value进行迭代,进行下一轮分解。

⑥ Result列表:用于存放质因数的分解结果。

(4) 需要注意的问题

① 合数在分解过程中需要逐次迭代。当分解出一个质因数后,在下一次分解之前,需要将该质因数排除在外,可将合数除以该质因数,得到的商作为下一次分解的对象,这是一个逐次迭代操作。

② 需要在程序内部设置"无限重复执行"模块的终止条件。当合数分解至无法再分解出比其更小的质因数时,说明此时的待分解数其本身就是质因数,分解完毕,必须终止模块运行。

③ 在分解过程中有可能出现待分析数除以合数的情况,但该情况并不影响程序运行。为分解出质因数,需要将待分析数逐次除以各个质数,能被除尽的质数才是质因数,而在本程序中也有可能出现待分析数除以合数的情况,如果能够除尽,那么该合数也是质因数吗? 例如将90分解出2、3、3后,此时待分析数就变为5(5=90÷2÷3÷3),在分解5的过程中,会出现5÷4的情况,此时不管4能不能被除尽都是不允许的,因为4不是质数。这样做简化了程序结构,不需要再判断ValueNow是否为质数,同时也不必担心出现能够被4整除的情况,如果能够被4整除,那么肯定也能被2整除,在除到2时,由于2是质数,该轮分解过程结束,根本不会出现除以4的情况。在程序复杂的情况下,采取"以效率换简洁"的策略是明智的,至多效率低一些罢了。

爸爸:"在'质因数分解'程序中,你发现循环迭代算法又出现了吗?"

浩浩:"发现了,每当分解出1个质因数后,变量Value的值都会发生变化,都会被新的数据所代替,一直到质因数分解完毕为止。"

爸爸:"你再仔细看看质因数分解结果,还能发现什么规律?"

浩浩仔细观察了一会儿,道:"我发现这些质因数是按着从小到大的顺序排列的。"

爸爸:"出现这种结果是必然的,因为是从最小的质数2开始搜索质因数的,因此越小的质因数必然会被越快地搜索出来。"

浩浩:"这与我用手动方式分解质因数的思路不太一样。用手动方式时,主要凭经验,把最容易发现的质因数先分解出来,而这个程序是把最小的质因数先分解出来。"

爸爸："那你觉得程序解决问题的思路好呢,还是你自己的思路好呢？"

浩浩尴尬地说："还是程序好吧。毕竟程序肯定能把质因数分解正确,而我就没准了。"

爸爸笑道："你的思路也挺好,只不过我们人的判断往往不太稳定,今天能把题做对,明天就不一定了。而程序却不会,它会一如既往地、忠实地执行同一过程。"

学习小结：程序解决问题有自己固定的套路,非常稳定,因此也不会出错,是人类忠实可靠的好伙伴。特别是对于复杂的问题,当超出大脑判断能力时,正是计算机程序发挥作用的大好时机。

3.3.5　编程进阶——余数计算

难度系数：★★☆☆☆

判断某数是否为质数的核心是:计算该数除以其他数所得到的余数。重点使用了"数字和逻辑运算"面板中的"求余"模块。"求余"模块很重要,可以帮我们解决数论中的很多问题。例如:一个三位数,除以9余6,除以4余2,除以5余1,这个三位数最小是多少？计算该问题的程序如图3.29所示,该程序的计算结果是186。

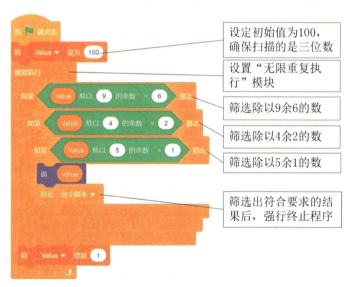

图3.29　余数计算相关问题程序

该程序虽然结构简单,但有2个需要注意的问题:

① 慎用"无限重复执行"模块。本程序使用了"无限重复执行"模块,即永不停止地执行该模块,如果忘记设置终止条件,程序将进入死循环模式。

② 可以分解多个逻辑判断条件，使程序界面更加简洁。本程序中的3个余数条件都需要满足，可采用"数字和逻辑运算"面板中的"且"模块将3个余数条件合并为1个逻辑判断模块，但这样会使该模块过长，影响程序的美观性。本程序将3个余数条件分解开来，采用3个"如果–那么"模块分别进行逻辑判断，这样会使程序结构更加简洁美观。如何提高程序的美观性也是我们需要考虑的问题。

浩浩："这个程序不难，关键是要进行3次条件判断。"

爸爸："说实话，Scratch编程软件同时判断多种情况的能力挺弱的。进行3次判断，就需要把3个'如果–那么'模块组合在一起。如果进行10次、20次判断呢，还要把10个、20个'如果–那么'模块组合在一起吗？"

浩浩："就是呀！那同时解决多种情况的判断问题，该怎么办呀？"

爸爸："你要明白，Scratch编程软件是用于青少年编程学习的，搞那么复杂当然没有必要了。我主要是让你认识到Scratch编程软件的一些局限性，为你以后学习更高级的编程语言做好准备。不管怎样，Scratch编程软件都是一款非常优秀的软件。"

学习小结：当判断多个条件是否得到满足时，需要同时作出多个判断，也就要多次使用"如果–那么"模块，并且对这些模块进行组合，这是一种重要的编程技巧。

3.3.6 编程进阶——计算最小公倍数

难度系数：★★☆☆☆

该问题若采用"暴力破解"的方法，程序编写极为简单。例如计算24和36的最小公倍数，程序如图3.30所示。

该程序设置Value1和Value2变量，分别用于存放24和36；设置Multi变量用于存放最小公倍数，从1开始，逐个判断能否同时被Value1和Value2整除，若能整除，即为最小公倍数。

现在再提出3个问题，以便进一步改进程序。

① 如何进一步提高程序运行效率？该程序是从1开始搜索最小公倍数的，有必要吗？如果能够缩小搜索范围，将会提高程序的运行效率。

提示：可从多个角度提高程序运行效率，例如从两个数中最大的那个数开始搜索，用其中某个数的倍数进行搜索，这些方法都可以提高程序的运行效率。

② 如何计算最大公约数？能对本程序做简单改造，以计算两个数的最大公约数吗？

提示：如果使用Multi变量存放计算结果，需要将Multi的缺省值设置为两个数中的某一个，然后调换"求余"模块中两个数的位置，并将Multi逐次减1即可。

③ 本程序主要计算两个数的最小公倍数，能否计算多个数的最小公倍数或最

大公约数?

提示:有几个数,就设置几个"如果-那么"模块即可。

图3.30 计算最小公倍数程序

爸爸:"如果我们不使用'停止'模块,这个程序会怎样?"

浩浩:"那它就会不停地运算,把两个数的所有公倍数都计算出来,而不是只计算最小公倍数。"

爸爸接着问道:"那这个程序能一直正确地算下去吗?"

浩浩:"前面你说了,计算机中的数据都是有一定范围的,当超出计算机处理数据的能力范围后,程序就会崩溃了。"

爸爸:"说得没错。"

浩浩反问道:"'无限重复执行'模块就是永不停止地运行,哪里有这样的程序?这个模块我真觉得没什么用。"

爸爸:"我们不是可以在'无限重复执行'模块内部设置'停止'模块吗?这样就可以终止'无限重复执行'模块的运行了。另外,'无限重复执行'模块不需要设置终止条件,使用起来非常简单,适用于程序的初期编写。"

浩浩疑惑道:"初期编写……什么意思?"

爸爸:"程序如果很复杂,这时就应制定一个程序编写计划,分步骤实施。那么在初期就可以先把核心功能编写出来,然后再慢慢完善。当难以确定循环终止条件时,不妨先使用'无限重复执行'模块,先把程序核心功能编写出来。等以后终止条件明确了,可以再使用其他具有重复执行功能的模块。"

学习小结:"无限重复执行"模块也有其作用,适用于程序编写的起始阶段。这也提醒我们编写程序不是一个一蹴而就的过程,而是一个循序渐进的过程,由不完善到比较完善,再到非常完善。所以编写程序一定要有不怕困难、坚持到底的决心。

3.3.7 编程进阶——鸡兔同笼

难度系数:★★★☆☆

鸡兔同笼是小学奥数中的典型问题,本小节采用"暴力破解"方法解决鸡兔同笼问题。假设鸡和兔子头的总数为8,鸡和兔子腿的总数为26,求解鸡和兔子各有多少只。

(1) 程序操作流程

① 在程序模块中输入头的总数(本程序为8)、腿的总数(本程序为26)。

② 程序运行后,角色说出鸡和兔子的个数。

鸡兔同笼程序的运行界面如图3.31所示。

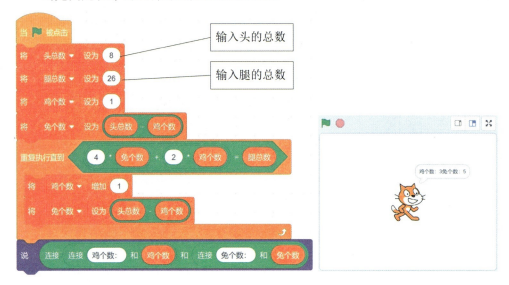

图3.31 鸡兔同笼程序运行界面

(2) 程序结构设计

鸡兔同笼的程序如图3.32所示,此时计算当头总数为8、腿总数为26时的鸡和兔子的个数。

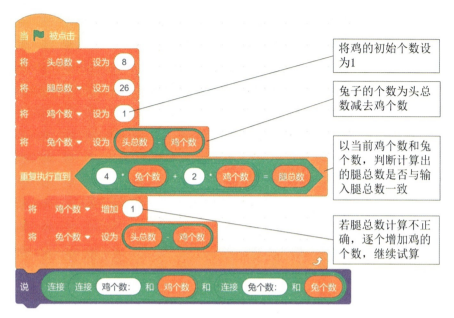

图 3.32 鸡兔同笼程序

(3) 主要参量设置

① "头总数"变量:用于存放鸡和兔子头的总数量,本程序设为 8。

② "腿总数"变量:用于存放鸡和兔子腿的总数量,本程序设为 26。

③ "鸡个数"变量:用于存放计算出的鸡的个数。

④ "兔个数"变量:用于存放计算出的兔子的个数。

⑤ "重复执行直到"模块:用于控制计算过程,当计算出的腿总数与输入的腿总数相等时,说明搜索到正确答案。

(4) 需要注意的问题

首先保证一个条件,然后搜索满足另一个条件的情况。本程序首先保证鸡和兔子的总个数符合题目要求,然后分别试算在不同鸡个数和兔个数的组合条件下,究竟共有多少条腿,即满足另一个条件。当腿总数符合题目要求时,此时的鸡个数和兔个数即为正确答案。当然也可以首先保证腿的总数符合条件要求,然后搜索头总数符合条件要求的情况,只不过这种算法实现起来相对麻烦一些。

浩浩:"要是老师知道我这么计算鸡兔同笼问题,非气坏不可!"

爸爸嘿嘿一乐,道:"我估计也是。但这也的确是解决鸡兔同笼问题的一种思路,只不过'暴力'一些罢了。但程序的思路简洁直观,可以作为一种辅助的学习手段。这种方法,也有一个好听的名字——枚举法。"

浩浩:"这种方法我们老师讲过。比如存在好几种购票方案,要分析哪种方案最好,用的就是枚举法。"

爸爸:"对了,这时使用枚举法就没人笑话你了。"

学习小结:"暴力破解"方法实际上就是枚举法。凡是能够采用枚举法解决问题的场合,基本上都是适合计算机程序"暴力破解"的场合。需要枚举的方案越多,越适合计算机程序"暴力破解"。

3.4 "分毫不差"绘图形

3.4.1 图形绘制原理

采用程序绘制图形是一件令人很有成就感的事情,为了绘制出某个图形,需要掌握坐标的概念和图形的数学知识。

程序主界面就是绘制图形的画布,需要了解画布中每个位置的描述方法。画布是由多个点组成的,而每个点又是采用坐标的方式描述的,如图3.33所示。图中每个点都由x、y两个数值描述,描述方式为(x,y),如图中三角形的3个点的坐标分别是(0,50)、(-40,-30)、(40,-30),将这3个点相连,便可构成一个三角形。

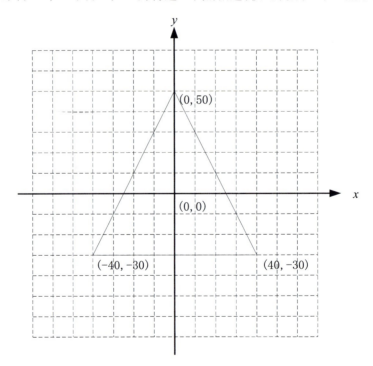

图 3.33 坐标示意图

了解坐标描述方法后,再掌握图形中每个点的计算方法(当然需要我们掌握这些图形的数学知识),就可以绘制我们所需要的图形了。

在 Scratch 编程软件中,中心坐标(0,0)位于画布中心,x方向的最大值为240,最小值为-240;y方向的最大值为180,最小值为-180。也就是说,我们只能在这个区域内绘制图形,如果超出该区域,图形就无法显示了。

3.4.2 绘制图形的基本程序

难度系数:★★☆☆☆

本程序绘制一个三角形,该三角形3个点的坐标分别为(0,50)、(-40,-30)、(40,-30),程序如图3.34所示。

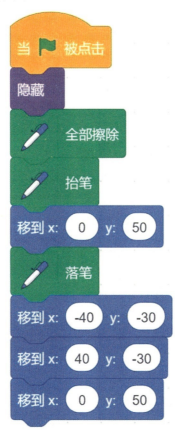

图3.34 绘制三角形程序

该程序结构较为简单,对其中几个关键环节进行说明:

① 首先设置"隐藏"模块,将角色隐藏,因为程序是根据角色的移动轨迹绘制图形的,而角色在显示状态下会影响图形的完整展现。

② 设置"清空"模块,将上次绘制的图形清空,便于绘制新的图形。
③ 设置"抬笔"模块,确保角色在移动过程中不会绘制出不需要的图形。
④ 设置"移动"模块,将角色移动到图形起点处,做好绘图准备。
⑤ 设置"落笔"模块,开始进行绘图。
⑥ 根据图形特点设置相应的"移动"模块,确保画出所需要的图形。

程序运行后,程序界面中会显示绘制的图形,如图3.35所示。

现在再提出一个问题,以便进一步改进程序:如何控制图形的绘制效果?目前,图形的绘制效果较为单调,能否改变其显示颜色及线条粗细?

提示:Scratch编程软件提供了专门的"画笔"面板,含有"颜色设定""色度设定""粗细设定"等模块,充分利用这些模块,可以绘制出更加漂亮的图形。

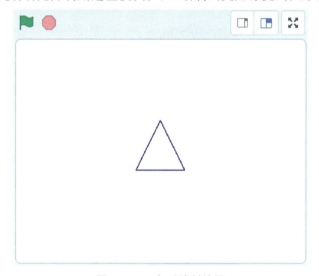

图3.35　三角形绘制结果

浩浩:"这哪里是在绘图呀!分明就是在学习坐标的知识呀!"

爸爸:"正是如此。把坐标搞明白了,画起图形来简直是易如反掌。"

学习小结:坐标确定是实现程序绘图的关键。不清楚坐标的概念,利用程序绘图就无从谈起。

3.4.3　编程进阶——绘制正方形

难度系数:★★★☆☆

本程序要绘制一个边长为200的正方形,正方形中心位置位于(0,0),程序如图3.36所示。

图 3.36 绘制正方形程序

正方形绘制结果如图 3.37 所示。

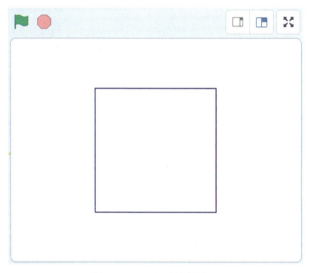

图 3.37 正方形绘制结果

图形绘制过程与基本程序类似,但有两个需要注意的问题:
① 需要准确计算正方形各个点的坐标。正方形边长为 200,中心位置位于 (0,0),

根据正方形特点,现将角色移到某个角点(-100,-100),做好图形绘制前的准备。

② 根据图形特点可设计不同的图形绘制方式。基本程序中是根据每个点的坐标绘制图形的,这种方法较为繁琐,需要逐个输入坐标点的值。本程序采用了"移动"模块进行图形绘制,即根据线段长度和方向进行图形绘制,由于正方形绘制有极强的规律性(角色移动一个边长,然后旋转90°,角色默认角度是向右的),可采用"重复执行"模块进行图形控制,使程序更为简洁。

现在再提出一个问题,以便进一步改进程序:如何绘制边长可控的正方形?本程序只能绘制边长为200的正方形,如何根据用户的需要,绘制不同边长的正方形呢?

提示: 可设置一个变量用于存放正方形的边长,然后根据正方形性质用边长变量来描述起始角点的坐标和角色每次移动的步长,即可绘制各种边长的正方形。

浩浩:"这个程序有点意思,利用一个'有限重复执行'模块,就把一个正方形画出来了。"

爸爸:"这也是程序绘图的一个特点,越有规律的图形,采用程序进行绘制就越方便。反过来说,程序越无规律,采用程序绘图就越困难。"

浩浩:"我感觉这个正方形的绘制思路与三角形的绘制思路不太一样。"

爸爸:"是不一样的。绘制三角形时,需要准确确定三角形每个点的坐标。而绘制正方形时,是以当前位置为基点,通过控制角色的旋转角度和移动距离实现直线绘制的。这在数学上有专门的术语,三角形采用的是'笛卡尔坐标',正方形采用的是'极坐标'。"

浩浩一咧嘴,道:"太难了!听不懂。"

爸爸:"没关系,以后你就明白了。今天学习编程,也是为你明天学习更深奥的知识打基础呢!"

学习小结: 控制角色的旋转方向和移动距离,也可以实现图形的绘制。正所谓条条大路通罗马。

3.4.4 编程进阶——绘制任意正多边形

难度系数:★★★★★

假设任意正多边形的边数为 n,则正多边形每个内角的度数为

$$\frac{(n-2)\times 180}{n}$$

那么角色在画完一条边后,需要扭转一定的角度,该角度为

$$180-\frac{(n-2)\times 180}{n}$$

例如对于一个正六边形，$n=6$，扭转角度为60度，如图3.38所示。

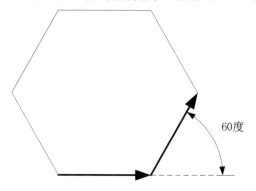

图3.38　正六边形绘制过程中需要扭转的角度

（1）程序操作流程

① 在程序模块中输入边长（本程序为50）和边数（本程序为6，即六边形）。
② 程序运行后，界面中显示一个六边形。

绘制任意正多边形程序的运行界面如图3.39所示。

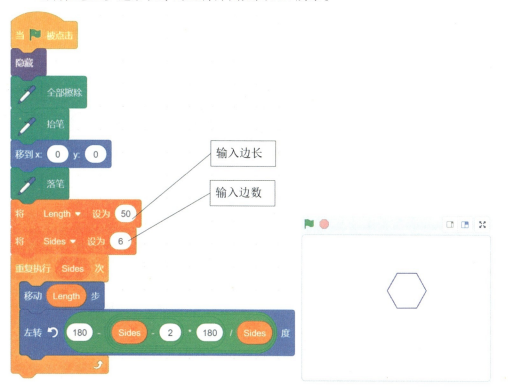

图3.39　绘制任意正多边形程序运行界面

（2）程序结构设计

绘制任意正多边形的程序如图3.40所示。

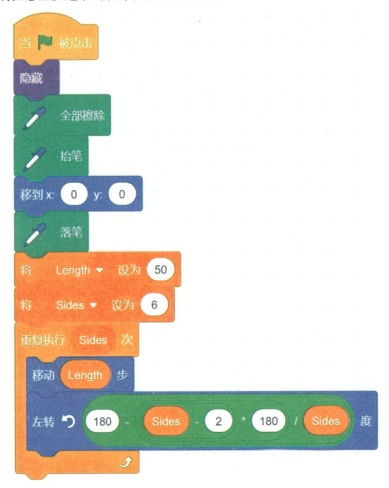

图3.40　绘制任意正多边形程序

（3）主要参量设置

① Length变量：用于存放多边形的边长，本程序设为50。

② Sides变量：用于存放多边形的边数，本程序设为6。

③ "有限重复执行"模块：循环次数与边数相等，实现正多边形的绘制。

（4）需要注意的问题

① 为了简化程序编写，将绘图起点设置在(0,0)。这样做纯粹是为了简化程序结构，因为对正多边形而言，把(0,0)点设置为正多边形的中心，其起点位置计算较为麻烦。若设置正多边形的绘制起点为(0,0)，任意正多边形的中心位置就不会位于(0,0)点，而正多边形则位于界面的右上方，如图3.41所示。

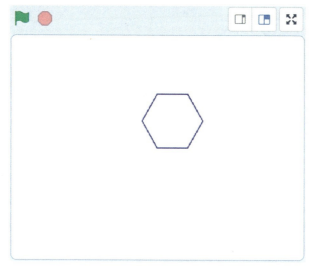

图 3.41　正六边形绘制结果

② 边数不宜设置过多,否则会导致绘制误差较大。Scratch 编程软件并不擅长数据计算,因为它保留的小数位数较少,精度较低,所以边数过多时,会导致图形的累计误差增大。例如对于上述程序,将其多边形边数改为15后,图形绘制误差将会较大,如图3.42所示,绘制完成的正15边形不能闭合。

图 3.42　正15边形出现较大绘制误差

③ 边数越多,正多边形越趋近于圆形。例如将正多边形的边长设置为25,当边数为 5、10、15、20 时,其图形变化情况如图3.43所示。

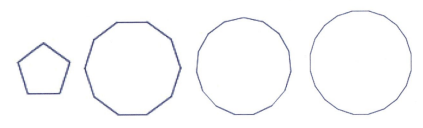

图3.43　正多边形形状变化趋势

(5) 程序进一步改进

① 如何将(0,0)点设置为正多边形的中心？将(0,0)点设置为正多边形的起点，不能充分利用画布空间，图形位置靠右上侧，将(0,0)点设置为正多边形的中心可充分利用画布空间。

提示：需要我们掌握正弦、余弦计算公式，利用三角形角度和边长的关系才能精确确定正多边形的起点，确保(0,0)点位于正多边形的中心。

② 如何减少图形绘制过程中产生的累计误差？以边长和扭转角度为参数绘制正多边形会产生较大的累计误差，因为本次的计算误差会叠加到下一次边长绘制过程中，导致误差越来越大。

提示：可计算出正多边形每个角点的位置，将角点逐次相连，便可避免累计误差。因为此时每个角点位置都是独立计算的，不受其他角点位置的影响。

浩浩："画了半天，我突然发现我们一直在画直线，能不能画一些曲线呀？"

爸爸斩钉截铁地说："Scratch不能，换做其他高级语言没问题。"

浩浩嘟囔道："太'水'了！"

爸爸大笑道："不能说Scratch'水'，只能说某人'水'呀！"

浩浩脸红了，道："你说Scratch不能画曲线，这不是'水'是什么？"

爸爸："我一直在强调，程序能不能实现一些复杂的功能，也要看程序开发者的水平呀！你看正20边形像个什么？"

浩浩："像个圆形呀！明白了，我们可以画很多小线段，把这些小线段按曲线的形状拼起来，就能画出曲线了。老师向我们讲解圆形面积计算时，用的就是这种方法。"

爸爸："很好，而且线段越短，利用小线段拼接出来的曲线就越光滑，就越像真曲线。"

学习小结：可以利用小线段拼接的方式绘制曲线。实际上，其他高级语言绘制曲线，利用的也是这种原理。

3.4.5 编程进阶——绘制对称图形

难度系数：★★★☆☆

对称图形绘制类似于照镜子的过程，需要镜子内外的图形以镜子为基准保持对称关系。

（1）程序操作流程

程序运行后，角色会随着鼠标移动而移动。同时在程序界面中部画出一条竖直线，该竖直线代表镜子。与角色相对应，在竖直线的另外一侧出现一个角色的"克隆角色"，角色和"克隆角色"与竖直线保持左右对称关系，类似于照镜子的效果。

（2）程序结构设计

绘制对称图形的程序如图3.44所示。

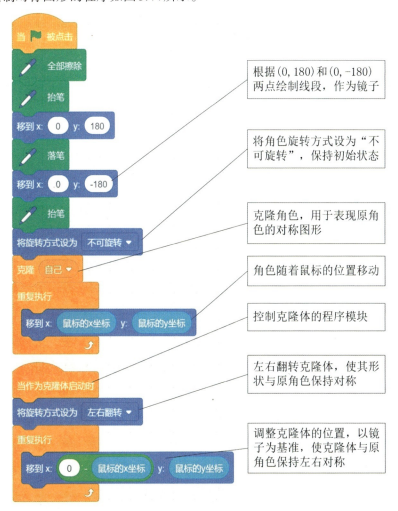

图3.44　绘制对称图形程序

绘制的对称图形结果如图3.45所示。

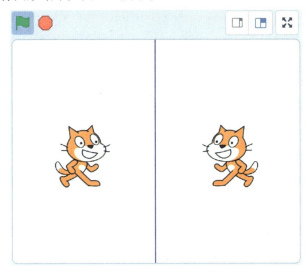

图3.45　对称图形绘制结果

(3) 主要参量设置

① "克隆"模块：用于复制一个新的角色，当克隆体产生时，克隆体会自动执行"当作为克隆体启动时"模块中的指令。

② "无限重复执行"模块：该模块让角色始终与鼠标的位置保持一致，实现角色随鼠标移动的动态效果。

(4) 需要注意的问题

① 以(0,180)和(0,-180)为起点和终点绘制一条线段，作为表现对称图形的镜子。

② 在"当作为克隆体启动时"模块中将旋转模式调整为"左-右翻转"，使克隆体左右翻转，形成与原角色保持左右对称关系的图形，但要注意该模块的效应会一直保持，在必要时还要将其调整回来。设鼠标位置为(x,y)，再将克隆体的位置调整到$(-x,y)$，可使克隆体与原角色在位置上保持对称。

③ 引入"克隆"模块复制角色，针对克隆体实现对称图形的绘制。"克隆"模块是一个非常有意思的模块，能够复制与原角色完全相同的替代角色，并且能够使用"当作为克隆体启动时"模块单独控制克隆体的动作。

④ 通过调整鼠标位置的数值控制克隆体的位置。为形成照镜子的效果，需要根据对称图形的基本知识，以鼠标位置为参考，对鼠标位置进行调整，以便控制克隆体的位置。

(5) 程序进一步改进

如何形成角色中心对称的效果？上面程序实现了角色的左右对称，能否实现角色的中心对称效果？

提示：需要调整克隆体的坐标，将当前坐标位置的数值取反即可，效果如图3.46所示。

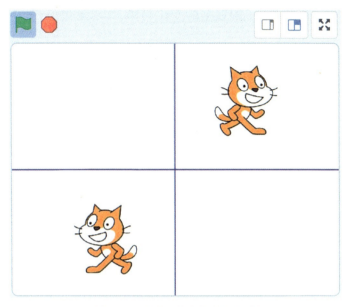

图3.46 中心对称图形绘制结果

爸爸："绘制对称图形，主要利用了正负数的知识。你说说轴对称是怎么回事？"

浩浩："比如，对于左右对称这种轴对称，要求两个点的y坐标相等，而x坐标要求大小相等，符号相反。"

爸爸："那么中心对称呢？"

浩浩："要求两个点的x坐标和y坐标大小分别相等，而符号都相反。"

学习小结：对称区分为轴对称和中心对称，实际上利用的就是两个点之间的正负数关系。利用Scratch编程能让我们更加清楚地掌握正负数的概念。

3.5 "运筹帷幄"大数据

3.5.1 数据分析的基本原理

大数据是当前非常热门的一个术语，通过对大量数据进行分析，可以使我们更加清晰地认识事物的整体面貌，以便运筹帷幄，掌控大局。在这里，我们只对数据作一些基本的分析，使大家初步了解数据分析的思路和方法。当收集到大量数据

后,通常可以从如下角度进行分析:
　　① 分析数据的平均值,了解数据的一般性水平。
　　② 分析数据的最大值和最小值,了解数据的分布范围。
　　③ 对数据进行排序,了解数据的变化趋势,并求解中值(处于中间位置的数据)。

3.5.2　计算平均值的基本程序

难度系数:★★★☆☆

平均值的计算原理较为简单,只要把所有数据累加到一起,然后除以数据的总个数,即可得到平均值。

(1) 程序操作流程

① 在程序模块中的 Data 列表中输入待分析的各个数据。

② 程序运行后,角色会说出输入数据的平均值。

计算平均值程序的运行界面如图 3.47 所示。

图 3.47　计算平均值程序运行界面

(2) 程序结构设计

计算平均值的程序如图 3.48 所示。

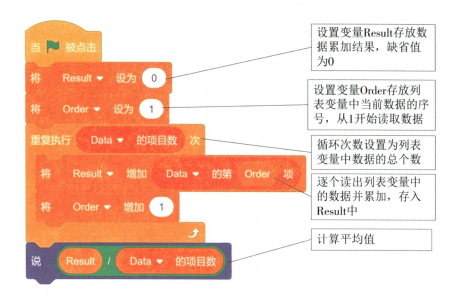

图 3.48　计算平均值程序

(3) 主要参量设置

① Data 列表：用于存放所有数据，如图 3.49 所示。

图 3.49　列表 Data 中存放的数据

② Order 变量：用于逐个存放列表变量中的各个数据的序号，缺省值设置为 1，即从第一个数据开始读取。

③ "有限重复执行"模块：该模块循环次数为 Data 列表中数据的总个数。

④ "列表数据读取"模块：用于读取列表中的每一个数据，并进行累加，将计算

结果存放于Result变量中。

⑤ "列表长度"模块：用于统计数据总个数，并结合累加结果Result变量，计算数据的平均值。

（4）程序进一步改进

如何将大量数据导入列表变量中？将数据采用手动方式输入到列表中，操作起来十分不便，能否将数据文件中的数据直接导入到列表变量中？

提示： 列表具有数据导入功能，可在列表界面空白处单击鼠标右键，会弹出一个快捷菜单，里面含有"导入"和"导出"两个菜单项，单击"导入"菜单即可，然后选择存放数据的txt文件，便可将数据导入到该列表中。但需要注意的是，文件中的每个数据都要单独占一行，如图3.50所示。当然，也可以单击"导出"菜单项，将列表中的数据导出到txt文件中。

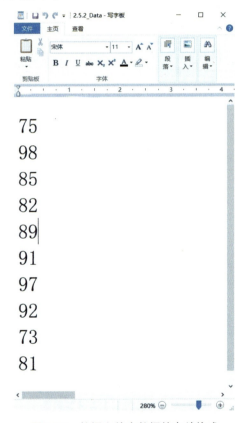

图3.50　数据文件中数据的存放格式

浩浩："平均值计算原理并不复杂，这个程序也使用了循环迭代的算法。但我感觉数据导入的功能很酷，一下就把那么多数据导入到列表中了。"

爸爸："对大数据处理而言，不可能手动输入每个数据，必须能够把大量数据自动导入到程序中。Scratch不但能把数据导入列表中,还能把列表中的数据导出到txt文件中!"

浩浩得意地说:"哈哈,这样我就能帮老师统计一下考试的平均分了。呀——我忘了,我们老师一般都把考试分数放在excel文件中,我这程序没法导入excel文件中的数据呀。"

爸爸:"没关系,可以把excel文件保存为csv文件格式,csv文件也能导入到列表中。不过,你最好别哶瑟,excel软件自身也有平均值计算功能。"

学习小结:数据导入是处理大量数据时经常使用的功能。Scratch能够导入不同格式的数据文件,如txt文件或者csv文件。但由于软件之间存在一定的不兼容性,有时在导入数据时,可能会出现问题。没办法,多尝试吧!

3.5.3　编程进阶——计算最大值和最小值

难度系数:★★★★☆

首先编写计算最大值的程序,计算最小值的程序与其类似。

(1) 程序操作流程

① 在程序模块的Data列表中输入待分析的各个数据。

② 程序运行后,角色会说出输入数据的最大值。

计算最大值程序的运行界面如图3.51所示。

图3.51　计算最大值程序运行界面

(2) 程序结构设计

为计算出数据中的最大值,先为普通Max变量赋初值(可采用数据中的任一数据为其赋值),然后将Max变量与Data列表中的每个数据逐个进行对比,如果Data列表中的数据大于Max,则将该数据赋给Max,直至所有的数据都对比完毕,Max的值即为最大值。计算最大值的程序如图3.52所示。

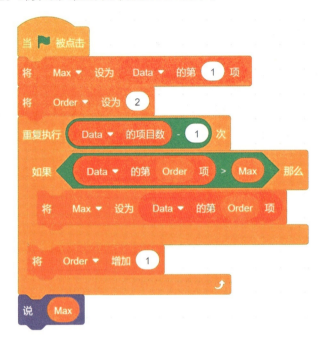

图3.52　计算最大值程序

(3) 主要参量设置

① Data列表:用于存放所有数据,如图3.53所示。

图3.53　Data列表中存放的数据

② Max 变量：用于存放数据中的最大值，缺省值为 Data 列表中的第 1 个数据。

③ Order 变量：用于逐个存放 Data 列表中的各个数据的序号，缺省值设为 2，即从 Data 列表中的第 2 个数据开始判断大小，因为第 1 个数据已经赋予 Max 变量。

④ "有限重复执行"模块：该模块的循环次数为 Data 列表中数据的总个数减 1，因为列表变量中的第 1 个数据不需要进行比较。

（4）需要注意的问题

Max 变量必须被赋一个初值，否则难以给出正确答案，无法执行判断操作。当然可以采用多种方法为变量赋初值，本程序中采用数列中的第 1 个数据，也可以采用其他序号位置处的数据，还可以手工输入一个数据，但不管怎样赋初值，都要确保该初值不大于数列中的任何数。

（5）程序进一步改进

如何计算最小值？

提示：计算最小值的程序与计算最大值的程序类似，但思考方向正好相反。可设置普通变量 Min 存放最小值，并逐一搜索数列中比其小的数据，然后赋值给 Min，最终得到数列中的最小值。

浩浩："计算最大值的程序看起来挺玄乎的，但原理也不复杂，和我们大脑思考问题的方式没什么区别。"

爸爸："其实编程没什么复杂的，只不过是把我们大脑的思维方式，用计算机程序实现出来。"

浩浩："是呀！如果我都不会计算最大值，那我也不可能编出能够计算最大值的程序。"

爸爸："这就是'汝果欲学诗，功夫在诗外'。"

学习小结：要想编写程序，我们必须首先搞清程序的工作原理。要记住一点，如果不清楚程序的工作原理，也就不可能编写出相应的程序了。

3.5.4 编程进阶——按从小到大顺序排列数据

难度系数：★★★★★

（1）程序操作流程

① 在程序模块中的 Data 列表中输入待分析的各个数据。

② 程序运行后，Result 列表中会按从小到大的顺序逐个显示排序后的数据。

按从小到大顺序排列数据程序的运行界面如图 3.54 所示。

图 3.54　按从小到大顺序排列数据程序运行界面

(2) 程序结构设计

为实现从小到大顺序排列数据,关键问题是要找出最小值。当从数列中找到最小值后,该最小值需要从数列中删除,同时存放在结果列表中,然后在剩余数列中继续寻找最小值,并重复删除和存放过程,直至所有数列中的所有数据都被删除,结果列表中的数据便实现了从小到大的有序排列。按从小到大顺序排列数据的程序如图 3.55 所示。

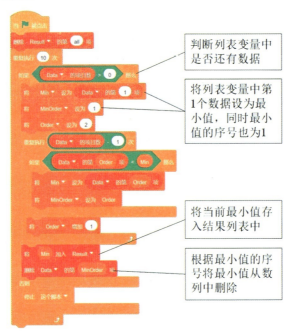

图 3.55　按从小到大顺序排列数据的程序

如果列表中的当前数据小于Min,就将当前数据赋给Min,循环完毕后,即可得到当前数列中的最小值,这一点与计算最小值程序的原理是相同的。然后将搜索到的最小值添加到结果Result列表中,同时将最小值从Data列表中删除,为从剩余数列中继续搜索最小值做好准备。当数列中的数据只剩下1个时,排序过程结束,排序结果如图3.56所示。

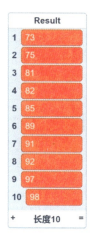

图3.56　数据排序最终结果

可以看出该程序原理并不复杂,核心是反复搜索数列中的最小值,并按次序对搜索到的最小值进行排列,最后得到的数列即为从小到大有序排列的数列。

(3) 主要参量设置

① Data列表:用于存放所有数据,如图3.57所示,其中的数据可以手工逐个输入,也可以从其他数据文件中自动导入,本程序提供了Data.txt数据文件。

图3.57　Data列表中存放的数据

② Min变量：用于存放数据中的最小值，缺省值为Data列表中的第1个数据，同时设置MinOrder变量用于存放最小值在Data列表中所对应的序号。

③ Order变量：用于逐个存放列表变量中的各个数据的序号，缺省值设为2，即从Data列表中的第2个数据开始判断大小，因为第1个数据已经赋予Min变量。

④ "有限重复执行"模块：该模块的循环次数为Data列表中数据的总个数减1，因为列表中的第1个数据不需要进行比较。

(4) 程序进一步改进

① 如何按从大到小顺序排列数据？

提示：该问题不难得到结果，是按从小到大顺序排列数据问题的反问题，只要按求最大值程序的编写原理进行调整即可。

② 如何计算数据中值？数据中值是指数据按顺序排列后，处于中间位置的数据。如果数据的总数为偶数，可将中间位置的两个数相加，然后除以2，将得到的商作为数据中值。

提示：该问题需要利用有序排列后的数列。

③ 数据排序结束后，Data列表中的数据也就被删除干净了，再运行该程序时，还需要重新输入数据，操作起来非常麻烦，那么如何将数据固定存入程序之中？

提示：可再设置一个Input列表，专门用于存放输入的数据，而Data列表在执行排序任务前，只需从Input列表中读取数据即可。

浩浩："这个程序看似挺复杂的，但仔细分析起来，其实就是计算最小值程序的延伸。有了前面的基础，这个排序程序理解起来也不难。"

爸爸："我们不要被复杂程序吓倒了。遇到复杂程序不要慌，首先要进行分解，把一个复杂的问题先分解为若干小问题，逐个击破。"

爸爸接着说："就像按从小到大顺序排列数据的程序一样，看起来复杂，实际上可以分为两步，首先计算出当前数列中的最小值，然后使最小值入库，这样就实现数据的有序排列了。其中计算最小值的问题前面已经解决，重点考虑数据入库就行了。"

浩浩："这种思路很有用，我以后遇到复杂程序也不怕了。"

爸爸："这就是我们编程的'方法论'。"

学习小结：遇到复杂程序不要有畏难情绪，对问题进行分解就可以了。通过分解，我们会发现一个难题变得越来越简单。编写程序能够锻炼我们的思维，使我们更加敢于面对困难。

第4章

编程与英语

爸爸:"数学的编程学习,我们先暂告一段落吧,接下来开始学习英语课程的 Scratch 编程。Scratch 编程软件是图形化编程软件,不需要输入任何代码,很简单。不过今天我们看一段代码程序。"

```
1  a=21        #需要判断的数
2  b=2
3  while b<a:
4      if a%b==0:
5          print(str(a)+'是合数')
6          break
7      else:
8          b+=1
9  if b==a:
10     print(str(a)+'是质数')
```

图4.1 一段代码程序

浩浩:"除了个别汉字之外,几乎都是英语。这些英语单词我都认识,可是把它们组合到一起,我就看不懂了。"

爸爸:"这就是大名鼎鼎的 Python 语言,这段代码程序是用来判断某数是否为质数的。大部分高级编程语言看起来都很像英语,所以学好英语对你将来掌握其他更高级的编程语言是非常有帮助的。"

浩浩不以为然,道:"可我现在只对 Scratch 感兴趣,你说这些话有些早吧!"

爸爸不动声色,道:"在使用 Scratch 编程的过程中,你是不是会经常遇到一些棘手的问题呀?"

浩浩有些不好意思地说："是啊，编程哪有那么容易呀！你不也经常遇到难题吗？何必讽刺我呢，哼——"

爸爸连忙说："你误会了，我没有讽刺你的意思。我是想告诉你一种解决问题的好方法。"

浩浩来精神了，道："什么好方法？快告诉我！"

爸爸："当你登录Scratch官网后，看一下网页的下半部分，那里全都是来自世界各地的编程作品，从中你能学到很多编程的技巧。"

"好主意！"浩浩迫不及待地打开了计算机，登录了Scratch官网，"怎么作品几乎都是英文名称呀！看起来真费劲！"

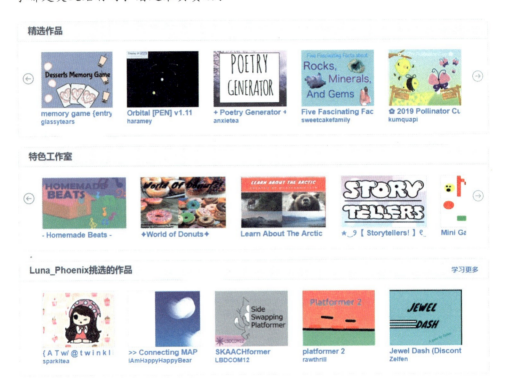

图4.2　Scratch官网中的作品

爸爸："看起来费劲，说明你的英语水平不过关。虽然Scratch编程软件主界面实现了汉化，但是网站的其他部分并没有汉化。为了深入掌握Scratch编程软件，英语必须要学好！"

爸爸接着说："从现在开始我们就针对英语课程，学习单词拼写、听力训练等Scratch程序设计方法。"

浩浩："好耶，这样就把英语和编程结合起来了。

学习提示：虽然Scratch编程软件的界面实现了汉化,但很多编程案例却是英文的,并且大部分编程语言都是采用英文方式表达的,因此学好英语对于深入学习编程技术非常有帮助。

4.1 "轻轻松松"拼单词

4.1.1 拼单词程序的基本原理

为编写出该程序,需要存储三方面的信息:一是拼写不完整的单词;二是单词所对应的中文含义;三是正确答案。通过判断用户的回答与正确答案是否一致,进而判断回答是否正确。

4.1.2 基本程序示例

难度系数:★★★☆☆

(1) 程序操作流程

这是一款编写起来较为简单的拼单词游戏程序。程序界面中的角色会给出拼写不完整的单词以及单词的中文含义,考查用户能否填出正确的字母,程序运行界面如图4.3所示。当回答正确或错误时,程序会给出相应的判断。

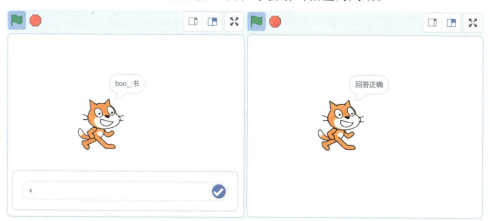

图4.3 拼单词程序运行界面

(2) 程序结构设计

拼单词程序如图4.4所示。

(3) 主要参量设置

① "无限重复执行"模块:用于确保程序一直运行在出题状态。

第4章 编程与英语 | 163

②"随机数生成"模块:用于在题目总数范围内生成一个随机数,并将其随机数存储在Order变量中,用以表示题目序号。此处的随机数是程序根据一定的数学方法生成的,程序使用人员无法事先确定其具体数值,以确保出题的公正性。

③ Question、Tip、Answer列表:分别用于存放不完整的单词、单词中文解释、正确答案,如图4.5所示。

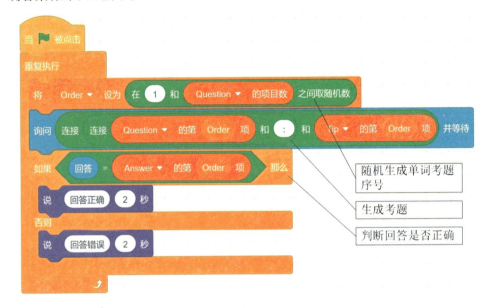

图4.4　拼单词程序

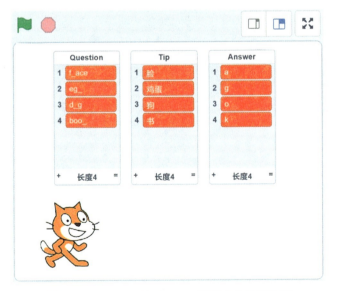

图4.5　Question、Tip、Answer列表中存放的数据

④"询问并等待"模块:将Order序号对应的Question和Tip中的数据组合,生

成相应的考题,并以对话方式通过角色显示出来,然后程序中会出现一个编辑框,用于用户输入答案。

⑤ "如果-否则"模块:用于判断用户答案与 Answer 变量中的正确答案是否一致,若一致,角色提示"回答正确",否则提示"回答错误"。

(4) 需要注意的问题

① 采用随机出题方式确保出题过程的公正性。程序中设置了一个"随机数生成"模块,该模块能够随机从题库中选题,避免人为干预情况发生。

② 采用列表构成能够随时扩展的题库。本程序是否具有实用价值,主要取决于题库中的题目是否丰富,因此程序采用了列表构建题库。该题库包括问题列表 Question、中文提示列表 Tip、答案列表 Answer,三者保持一一对应关系,当需要扩展题库时,只要增加这 3 个列表中的数据即可。

(5) 程序进一步改进

① 如何考查用户回答问题的情况,以检验用户对于单词的掌握程度?

提示:可设置一个"得分"变量,回答正确或错误时,增加或减少得分,以体现用户的单词掌握程度。

② 如何调整出题难度?

提示:可设置若干组 Question、Tip、Answer 列表,用于存放难度不同的题目,以构成难度不同的若干题库,用户可根据自身情况,选择相应难度的题库。

③ 当空缺字母超过一个时,如何设计程序? 本程序的题目都是空缺一个字母,若空缺字母较多时,会导致出题过程变得复杂,需要调整回答问题的方式。

提示:这时需要程序编写者设计回答问题的方式,如采用逗号分隔各个字母、逐次输入每个字母,或者将所有字母作为整体一次性输入。无论采用哪种方式,都需要程序实现确定,用户也需要遵守这些规则。

浩浩:"我们英语老师肯定会喜欢这个程序的。"

爸爸:"这个程序算是一种比较简单的英语单词学习软件,也是一种非常典型的交互式程序。"

浩浩:"你说的'交互'指的就是用户和程序之间的对话或者交流吧?"

爸爸:"是这样的,大部分程序都涉及到人和程序之间的交互。为了在程序中实现交互,需要重点考虑三个问题。"

爸爸清了清嗓子,道:"第一个问题,用户能够输入自己要表达的信息。"

浩浩:"可以使用'询问并等待'模块解决这个问题。"

爸爸接着说:"第二个问题,程序能够接收到用户输入的信息。"

浩浩:"可以使用'回答'模块,用户输入的信息存放在这个模块中。"

爸爸:"第三个问题,程序能够对用户输入的信息作出一定的反应。比如在这个拼单词程序里,程序要能判断出用户的回答是否正确。"

浩浩:"这个问题就复杂了,需要根据编程的目的设计相应的程序反应方法,那就要具体问题具体分析了。"

学习小结:拼单词是一个典型的交互式程序。为编写一款交互式程序,需要解决三个问题:一是用户如何输入自己要表达的信息;二是程序如何接收用户输入的信息;三是程序如何针对用户输入的信息作出相应的反应。

4.1.3 编程进阶——单词联想

难度系数:★★★☆

(1) 程序操作流程

① 程序随机从词库中选取一个单词。

② 程序随机选取的单词由若干字母组成,然后程序将单词中字母的顺序打乱,并逐个显示出来,此时要求用户快速记忆逐个出现的字母。

③ 字母逐个显示完毕后,程序要求用户根据记忆拼写这些字母所能构成的单词,根据拼写正确与否,系统给出相应的提示。

单词联想程序的运行界面如图4.6所示。

(a) 随机显示单词中的各个字母

(b) 提示用户输入单词　　　　　　(c) 程序判断正确与否

图4.6　单词联想程序运行界面

（2）程序结构设计

单词联想程序如图4.7所示。

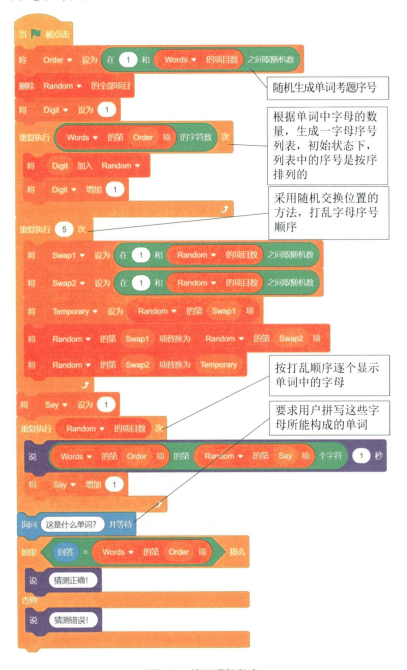

图4.7 单词联想程序

（3）主要参量设置

① Words列表：用于存放各个单词。如图4.8所示。

图4.8　Words列表用于存放待考查的单词

② Order变量：用于存放随机抽取的单词序号。

③ Random列表：用于存放单词中各个字母的序号，该序号打乱了单词字母的正常排列顺序，是一种随机的序号排列，使单词各个字母呈现出杂乱无章的显示顺序。

④ "有限重复执行"模块：按照Random列表中的字母序号逐个显示单词中的字母，并停留一定的时间，以便用户记忆。例如对于单词face，按一定的随机顺序逐个显示face中的各个字母，如图4.9所示。

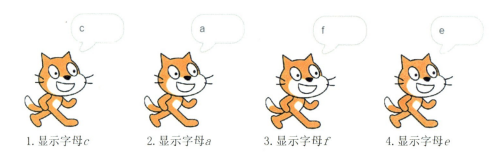

图4.9　随机显示单词中的各个字母

⑤ "询问并等待"模块：用于用户输入猜测出的单词。输入前，用户根据出现的字母进行联想，猜测这些字母能够构成哪个单词。

⑥ "如果-否则"模块：用于判断用户答案与正确答案是否一致。若一致，角色提示"猜测正确"，否则提示"猜测错误"。

(4) 需要注意的问题

需要随机显示单词中的各个字母。这是使本程序具有可读性的关键,如果按顺序输出各个字母,程序便失去了意义。本程序采用随机两两交换位置的方式打乱字母显示顺序,为使随机效果更为明显,需要多次交换位置。一般而言,交换次数越多,随机效果越明显。

程序设置 Random 列表用于存放单词中各个字母的序号,初始生成 Random 列表时,其中的字母序号是按序排列的。而后采用两两交换的方式交换字母序号的位置,以便随机打乱字母序号顺序。打乱原理如图 4.10 所示,随机选取两个位置,然后交换这两个位置中字母的序号,该图将位置 1 和位置 4 中的字母序号进行交换,多次重复交换过程,便可实现字母序号的随机排列。

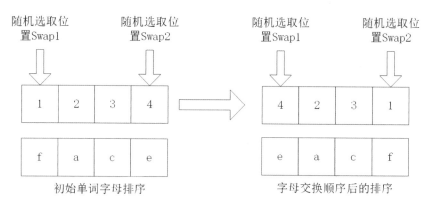

图4.10 打乱字母序号的原理

(5) 程序进一步改进

① 如何连续出题考试?出于简化目的,本程序只能出一个单词考题,如何设计程序以便能够连续出题?

提示:可设置一个"重复执行"模块,以便多次执行出题过程。

② 如何调整出题难度?

提示:字母显示时间直接决定了题目的难度,可改变字母显示时间以调整出题难度,时间越短,记忆难度越大。

③ 如何处理同一组字母能构成不同单词的情况?例如字母 e、a、t,既能构成单词 eat(吃),也能构成单词 tea(茶),这两种拼写都是正确的。

提示:可设置多个列表变量,用于分别存放同一组字母所能构成的其他单词。

浩浩："这个程序的确挺好玩,但是操作难度也大多了,因为单词的字母是乱七八糟出现的,单词越长就越不容易判断。"

爸爸："随机性就是要实现乱七八糟的效果。很多游戏为了体现公平,都会使用到随机数功能,就是要保证程序具有随机性。"

浩浩："随机性的知识我学过,比如一个口袋里有10个小球,我闭着眼睛随便从里面拿一个,那每个小球都有十分之一的可能性被拿到。"

爸爸："随机性知识掌握得还不错。"

浩浩突然眼珠一转,有点"狡猾"地说："能不能让程序也别太随机呀?比如我自己玩'单词联想'程序时,只让长度较短的单词出现,这样我就容易对单词作出正确判断了。嘿嘿!"

爸爸瞪了一眼浩浩,道："我是不赞同这种捣鬼方式的。但是对我这样的编程高手来说,这很容易。可以使用很多方法操纵这种随机性。比如当随机选中某个单词后,首先判断一下单词的长度,如果单词中的字母个数超过5,就让程序再重新选择,直到选出少于或等于5个字母的单词。"

浩浩："爸爸,你套路挺多呀,你是不是以前这么干过!"

学习小结：设计程序时,很多情况下都要考虑随机性的问题,就是为了保证程序对任何一个用户来说都是公正的。但是这种随机性也可以被"心怀叵测"的人所改变。

4.1.4 编程进阶——选单词

难度系数：★★★★★

(1) 程序操作流程

① 程序随机从词库中选取4个单词。

② 从这4个单词中再选择1个单词作为考题。

③ 主角色说出单词的中文含义,4个配合角色说出随机抽取的4个单词。

④ 用户根据主角色说出的中文含义,单击相应的配合角色,根据点击的正确与否,主角色给出相应的提示。

选单词程序的运行界面如图4.11所示。

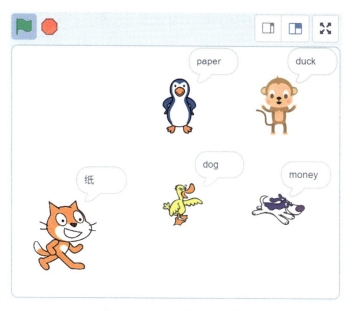

图4.11 选单词程序运行界面

(2) 程序结构设计

本程序共设置5个角色,主角色为小猫,用于出考题,企鹅、猴子、鸭子、小狗为配合角色,每个配合角色说出一个备选答案,供用户选择。5个角色在程序运行界面中的布局如图4.12所示。

图4.12 5个角色在程序运行界面中的布局

每个角色都需要编写相应的程序，其中主角色小猫中的程序如图4.13所示。

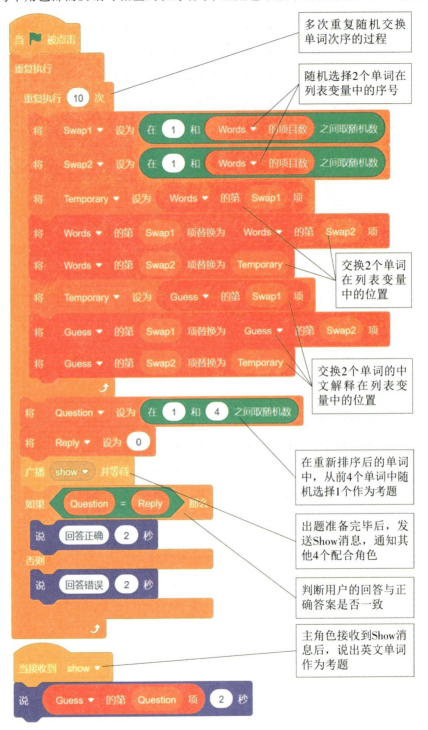

图4.13　主角色中的程序

共有4个配合角色,每个配合角色都需要编写相应的程序,并且每个配合角色的程序结构完全相同,只是每个角色代表的备选考题序号不同,企鹅代表1号备选考题,如图4.14所示。另外3个配合角色分别代表2、3、4号备选考题。

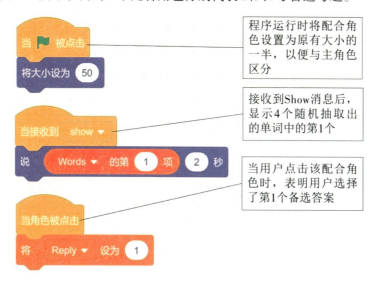

图4.14　配合角色中的程序

(3) 主要参量设置

① Words列表:用于存放多个英文单词,构成选择单词考试的试题库,如图4.15所示。

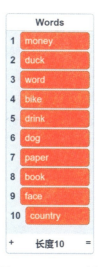

图4.15　Words列表

② Guess列表:用于存放英文单词的中文解释,构成针对试题库的答案库,如图4.16所示。

图4.16　Guess列表

③ Swap1和Swap2变量:用于存放随机抽取的待交换的2个单词在Words列表中的位置。

④ Question变量:用于存放英文单词的序号,从4个备选考题中随机确定。

⑤ Reply变量:用于存放用户选中的答案的序号。

⑥ Temporary变量:一个临时性变量,用于交换2个单词的位置。

(4) 需要注意的问题

① 采用两两交换位置的方式打乱Words和Guess列表中数据的排列顺序,以体现随机出题的效果。为使考题的出现具有随机效果,采用随机两两交换位置的方式打乱原有考题排序,打乱考题排序的原理如图4.17所示。在打乱Words列表中数据排序的同时,也需要打乱Guess列表中数据的排序,以便使英文单词与中文解释保持序号一致,打乱中文解释排序的原理与打乱单词排序的原理相同。

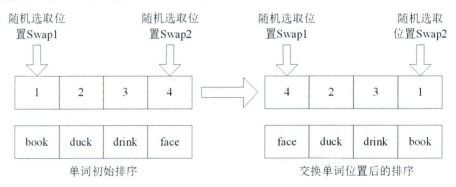

图4.17　打乱单词排序的原理图

② 备选考题取自于Words列表中的前4个单词。虽然每次出现的4个备选考题都来自于Words列表中的固定位置,但每次出题前,都需要对Words列表中的单词重新排序,因此Words列表中前4个单词每次都是不一样的,以保证出题的随机效果。

③ 从4个备选考题中随机选择1个作为实际考题,这样做能够避免始终让某个配合角色为正确答案。

④ 本程序中使用了"事件"面板中的"广播并等待"模块,以便协调主角色与配合角色之间的动作。当主角色发出Show消息并被其他角色接收后,其他角色会执行"当接收到"模块中的指令,实现不同角色之间动作的一致性。需要注意的是,"广播并等待"模块需要和"当接收到"模块配合使用。

(5) 程序进一步改进

① 如何改变备选考题的数量?本程序每次都固定出现4个备选考题,能否灵活调整备选考题的数量?

提示: 通过设置若干个配合角色,根据备选考题数量,将多余的配合角色隐藏。

② 如何调整出题难度?本程序未考虑出题难度,每次都按固定流程出题。

提示: 可采用多种方式调整出题难度,如调整考题显示时间长度、加大题目自身难度、增加备选考题数量等等。

爸爸:"这个程序也使用了与'单词联想'程序类似的思路,这样能够确保每次出现的4个单词都是随机的。"

浩浩:"程序中随机选择单词的方式特别像'洗牌',每次出题前,都要把单词这副牌重新洗上好多遍,使单词乱七八糟地出现。我估计洗的次数越多,乱七八糟的效果就越明显。"

爸爸:"分析得不错。另外这个程序中使用了5个角色,程序的结构复杂多了。"

浩浩:"是呀,我感觉头都大了。因为这5个角色并不是独立的,其中4个配合角色都要听命于主角色,它们之间的关系有点复杂。"

爸爸:"对于角色较多的程序,如何控制角色之间的先后动作,是一个非常重要的问题。这时,就要考查程序开发者对于'广播并等待'模块和'当接收到'模块的使用水平了。"

浩浩:"嗯。这个程序使用了'广播并等待'模块,没有使用'广播'模块,这样就可以使主角色广播完消息后停留一会儿,等待用户作出判断。"

学习小结: 当程序中的角色较多时,需要使用"广播"模块、"广播并等待"模块,以及"当接收到"模块。利用这些模块,能够方便地控制角色的先后动作,使众多角色协调一致的工作。

4.1.5 编程进阶——单词打靶

难度系数：★★★★★

本程序在"选单词"程序的基础上进行改造，形成一款射击型游戏，趣味性更强。

(1) 程序操作流程

① 程序随机从词库中选取4个单词。

② 从这4个单词中再选择1个单词作为考题。

③ 主角色说出单词的中文含义，4个配合角色说出随机抽取的4个单词。

④ 用户用键盘上的左右移动键，控制主角色小猫的左右移动，将主角色小猫移动到与中文含义对应的英文单词角色下方，然后按下"空格键"，此时主角色小猫发射一颗子弹。

⑤ 如果子弹击中的配合角色说出的英文单词与中文含义一致，子弹则形成爆炸效果，表示命中。

单词打靶程序的运行界面如图4.18所示。

图4.18 单词打靶程序运行界面

(2) 程序结构设计

每个角色都需要编写相应的程序，其中主角色小猫的程序如图4.19所示。

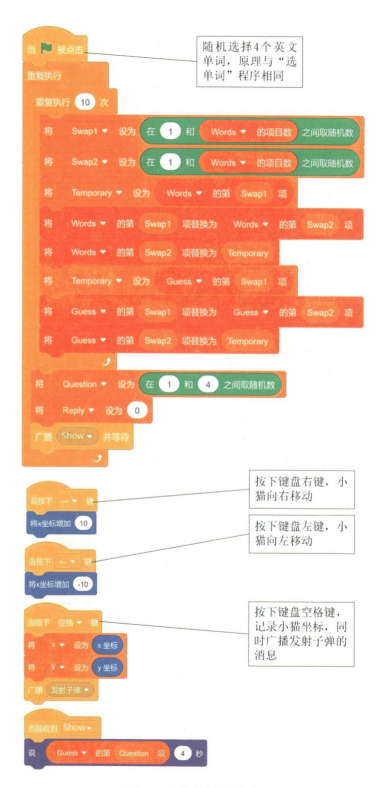

图4.19 主角色小猫的程序

共有4个配合角色,每个配合角色都需要编写相应的程序,并且每个配合角色的程序结构完全相同,只是每个角色代表的备选考题序号不同,企鹅角色代表1号备选考题,如图4.20所示。另外3个配合角色分别代表2、3、4号备选考题。

图4.20　配合角色的程序

为形成打靶效果,本程序设置了一个角色"子弹"。首先创建一个空白角色,并利用造型功能为子弹角色设置2个造型,造型1表示子弹的初始状态,造型2表示子弹命中目标后的爆炸效果,如图4.21所示。

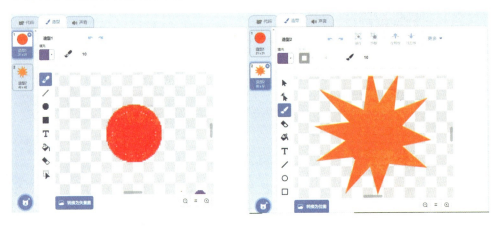

(a) 子弹造型1　　　　　　　　　　(b) 子弹造型2

图4.21　子弹造型设置

角色子弹的程序如图4.22所示。

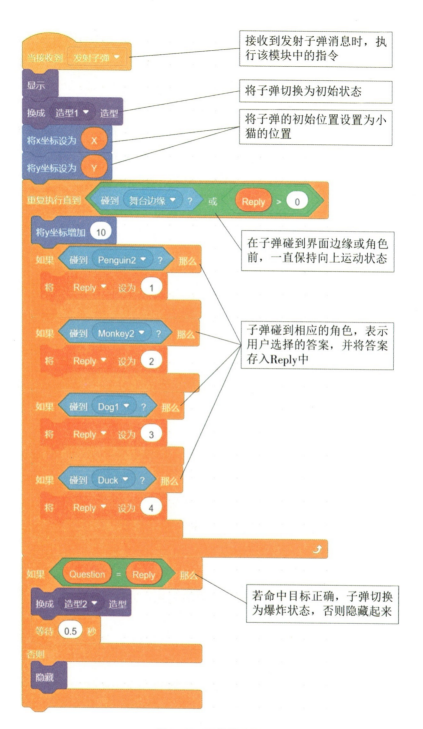

图4.22 子弹的程序

(3) 主要参量设置

① x、y 变量：这 2 个变量适用于所有的角色,用于记录主角色小猫发射子弹时的坐标位置,子弹将从该位置发射。

② "当按下键盘"模块：设置 3 个"当按下键盘"模块,第 1 个用于响应"按下右键"事件,此时主角色小猫向右移动；第 2 个用于响应"按下左键"事件,此时主角色小猫向左移动；第 3 个用于响应"按下空格键"事件,此时主角色小猫发射一颗子弹。

③ "广播"模块：设置 2 个"广播"模块,第 1 个用于控制角色说话,当该模块广播出消息后,各角色说出相应的话语；第 2 个用于控制子弹发射,当该模块广播出消息后,主角色小猫发射一颗子弹。同时设置与这 2 个模块相对应的"当接收到消息"模块,用于产生接收到消息时的响应事件。

(4) 需要注意的问题

本程序使用了 6 个角色,相对而言程序逻辑较为复杂,用户一定要深刻掌握各角色之间的运行流程,尤其要关注各种响应事件的使用方法,因为各种响应事件是联系各角色之间关系的桥梁。

(5) 程序进一步改进

本程序中的主角色小猫在每轮答题过程中,只能发射一颗子弹,如果命中的目标错误,那么用户在本轮就失去了改正的机会。能否让主角色小猫在每轮答题过程中发射多颗子弹？

提示：可采用控制面板中的"克隆"模块和"当作为克隆体启动时"模块,将角色子弹复制多个。

浩浩："这个程序我很喜欢,像一个射击游戏。"

爸爸："对,这是一款比较简单的射击游戏,但是在此基础上逐渐修改和完善,就能编写出更加复杂的射击游戏。"

浩浩："爸爸,设计射击游戏时,都要注意哪些问题呀？"

爸爸："这里的问题就多了,我感觉要重点解决四个问题。第一,首先要设计子弹,或者其他武器的造型。"

浩浩："那是当然,最好多设计几个造型,以便体现击中目标时子弹的爆炸效果。"

爸爸："第二,要设计一套射击控制方案,比如采用哪些键控制子弹的发射位置及发射动作。"

浩浩："射击控制方案最好和常规的射击游戏一致,比如采用左、右键控制发射位置的左、右移动,采用空格键控制发射动作,使子弹发出。"

爸爸："看来你对射击游戏挺熟呀！第三,要设计出子弹的运动路径。"

浩浩:"采用动作面板中的代码功能模块就行,比如'移动步数'模块。"

爸爸:"第四,要对子弹是否击中目标作出判断,这也是射击游戏开发的关键。"

浩浩:"可采用侦测面板中的'碰到目标判断'模块,或者是'碰到颜色判断'模块,'单词打靶'程序中使用的就是'碰到目标判断'模块。"

爸爸:"怎么样,编写一个射击方面的游戏不容易吧,需要使用很多的代码功能模块。"

学习小结: 射击游戏的编写很有挑战性,需要使用Scratch编程软件中的很多代码功能模块。为了开发一款射击游戏,需要解决四方面的问题:一是子弹的造型;二是射击控制方案;三是子弹运动路径;四是子弹是否击中目标的判断。

4.1.6 编程进阶——单词配对

难度系数:★★★☆☆

(1) 程序操作流程

本程序设置有3个角色,都来自于Scratch编程软件的角色库。

① 小猫说出英文单词,同时企鹅说出中文解释。

② 用户判断英文单词与中文解释是否一致,若认为一致,则按下空格键确认。

③ 当用户按下空格键后,若英文单词与中文解释不一致,小男孩作为裁判,说出"错了",否则说出"对了"。

④ 程序不断重复上述出题过程,并要求用户作出判断。

单词配对程序的运行界面如图4.23所示。

图4.23 单词配对程序运行界面

(2) 程序结构设计

每个角色都需要编写相应的程序,其中小猫的程序如图4.24所示。

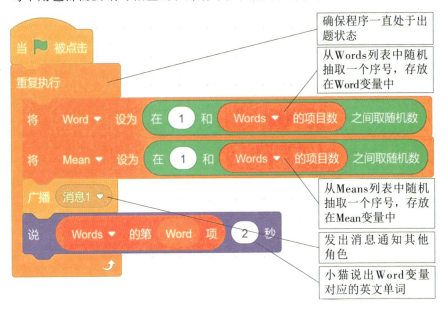

图4.24 小猫的程序

企鹅的程序如图4.25所示。

图4.25 企鹅的程序

小男孩的程序如图4.26所示。

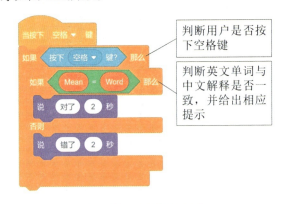

图4.26 小男孩的程序

(3) 主要参量设置

① Words 列表：用于存放多个英文单词，如图 4.27 所示。

图 4.27　Words 列表

② Means 列表：用于存放英文单词的中文解释，如图 4.28 所示。要确保 Words 列表中的英文单词与 Means 列表中的中文解释保持一一对应关系。

图 4.28　Means 列表

③ Word 变量：用于存放从 Words 列表中随机抽取的英文单词序号。
④ Mean 变量：用于存放从 Means 列表中随机抽取的中文解释序号。
⑤ 角色小猫：用于说出从 Words 列表中随机抽取的英文单词。

⑥ 角色企鹅：用于说出从 Means 列表中随机抽取的中文解释。

⑦ 角色小男孩：用于判断英文单词与中文解释是否一致。

(4) 需要注意的问题

Word 变量与 Mean 变量是否一致是判断用户回答是否正确的关键。对于 Word 变量与 Mean 变量通过随机方式生成相应的数值，一般情况下，这两者是不一致的，若两者一致，用户应按下"空格键"进行确认。因此，Words 列表中的英文单词和 Means 列表中的中文解释必须保持一一对应关系。

(5) 程序进一步改进

① 如何改进程序设计，以便能够控制正确配对出现的频率？由于 Word 变量与 Mean 变量中的数值通过随机方式生成，因此出现两者正确配对的情况也具有较强的随机性，有可能很长时间都不出现正确配对情况。

提示： 可设置一个正确配对出现频率的上限值，当超过该上限值正确配对还未出现时，程序可强制出现一个正确配对。

② 如何考查用户的答题正确率？本程序只判断用户回答是否正确，不能对整体的答题正确率作出评估。

提示： 可设置一个答题分数变量，当用户答题正确时，增加该变量的数值，否则减少该变量的数值。

③ 如何调整出题难度？本程序未考虑出题难度，每次都按固定流程出题。

提示： 可采用多种方式调整出题难度，如调整考题显示时间长度、动态调整角色的位置、增大英文单词的难度等等。

爸爸："刚才说了，程序在运行过程中有可能长时间不出现正确配对的情况，用户一直处于苦苦的等待状态。"

浩浩："这我理解，我们不是可以强制程序出现正确配对吗？"

爸爸："我们不说程序的问题，只研究一个数学问题，当题库中的单词数量增加后，出现正确配对的时间会怎么变化？"

浩浩："应该是增长吧。"

爸爸："那经过多少次配对，才能出现一次正确的配对呢？"

浩浩挠了挠头，道："我不知道。"

爸爸："根据统计学知识，题库中有多少个单词，就需要经过多少次配对，才能出现一次正确配对。"

浩浩："那就是说，如果有 100 个单词，就需要配对 100 次，才能出现一次正确配对呀！"

爸爸："100 次只是平均值，有可能多于 100 次，也可能少于 100 次，但大概就是这个样子。"

爸爸接着说："分析这个问题，就是想说明一点——我们对程序的运行状况要能提前作出比较准确的评估，以免意外情况发生。对编写程序而言，不怕程序出现问题，有问题就有相应的解决方法，就怕你不能提前意识到问题。"

学习小结：程序越复杂，程序潜在的问题也就越多。有问题不可怕，但不能敏锐地发现问题，才是编写程序的大忌。这就需要不断加强学习，不断提高编程修养。

4.2 "随心所欲"点读机

4.2.1 点读机程序的基本原理

点读机是一种非常好用的英语听力学习工具，能够随心所欲地、灵活地控制英语播放过程，实现"哪里不懂点哪里"的学习效果。我们在这里也编写一个类似于点读机的程序。

点读机程序可以对声音进行加工，能够将一段完整的声音分割成若干个小片段，来满足我们的英语学习需求。在Scratch编程软件中，针对每个角色都设有一个"声音编辑功能标签"视图，如图4.29所示。当Scratch编程软件切换到"声音编辑功能标签"视图时，将会显示出"声音波形"和"声音文件列表"。当点击选中某个声音文件时，能够显示出其声音波形，这样声音不仅能听，而且能看。

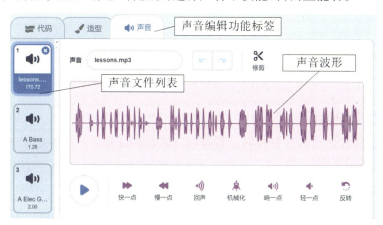

图4.29　声音的编辑功能界面

编写点读机程序时，主要使用声音的编辑功能，对选中的声音片段进行剪切、复制、粘贴等操作，将一个大的声音片段分割为若干个小的声音片段，并且分别进行播放控制。本程序使用了一个lessons.mp3英语声音文件，在学习时，用户可以自行选择一个声音文件。

4.2.2 基本程序示例

难度系数：★★★☆☆

(1) 程序操作流程

点读机程序的运行界面如图4.30所示。在运行界面中显示了1个角色和4个按钮，点击角色小猫播放整个声音文件，点击"Start"按钮播放开篇曲，点击"Demand"按钮播放答题要求，点击"Question1"按钮播放题目1，点击"Question2"按钮播放题目2。

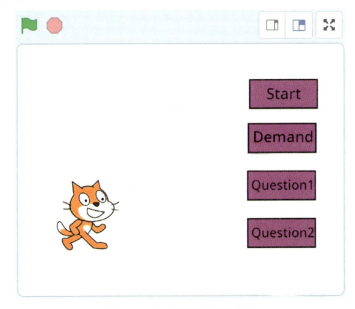

图4.30　点读机程序运行界面

(2) 程序结构设计

首先需要设计点读控制按钮。程序运行界面共设置了4个按钮用以控制播放进度，包括"Start"按钮、"Demand"按钮、"Question1"按钮、"Question2"按钮，点击不同按钮播放不同的声音文件。

但遗憾的是，Scratch编程软件并没有提供专门的按钮创建功能，为弥补这一缺憾，本程序利用创建角色的方式创建按钮。例如为了创建"Start"按钮，首先创建一个空白角色，然后进入到该空白角色的"造型编辑功能标签"视图中，利用Scratch编程软件提供的图形绘制功能，绘制出相应的按钮形状，并将其摆放到运行界面中的相应位置，如图4.31所示。也就是说，虽然看起来是按钮，但本质上却是一个角色。

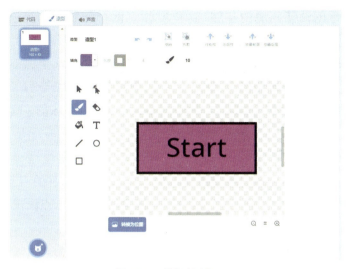

图4.31 按钮绘制

然后需要设计声音片段。在Scratch编程软件中,声音片段是隶属于角色的,也就是每个角色只能调用其自身所拥有的声音片段。但是声音片段可以在不同角色之间复制,这样可在某个角色中对声音片段进行处理,并分割成若干声音片段,然后将声音片段通过拖曳方式复制到相应的角色之中。

点读机程序较为简单,每个角色的程序结构完全相同,只是播放的声音片段不同。其中某个角色的程序如图4.32所示。

图4.32 点读机程序

(3) 主要环节设置

本程序主要使用了"播放声音直到播放完毕"模块,用于播放相应的声音片段,每个角色都设置有该模块,只是播放的声音片段有所不同。

(4) 需要注意的问题

① 合理分割声音文件是确保本程序成功的关键。本程序的重点不在于程序结构设计,而在于声音文件素材的梳理,大家应根据自身的英语学习需求和声音文件特点,合理设计点读机程序的运行流程。

② 注意按钮设计的合理性。Scratch编程软件没有提供专门的按钮设计功能,

需要利用角色设计相应的按钮,这里要注意两个问题:一是注意按钮的美观性,可设计不同形状、不同颜色的按钮。另外Scratch编程软件绘图功能中不提供汉字输入功能,只能输入字母和数字,若要输入汉字,需要导入含有汉字的图片。二是准确设置按钮热点。按钮形状绘制完毕后,要确保按钮中心与鼠标点击点保持一致,需要利用Scratch编程软件的"造型中心设置"功能。

(5) 程序进一步改进

可进一步丰富本程序的声音播放功能。Scratch编程软件的声音面板中提供了一些声音控制功能,如音量控制、节奏控制,将这些功能加入点读机程序中,会使点读机程序更加有趣。

4.2.3 编程进阶——英汉语音合成

本程序的工作原理非常简单,就是播放一个英语和汉语混合的声音片段,即先播放一段英文语音,再播放一段中文解释语音。有些英文语音片段是纯英文播放的,不便于听力较差的同学学习,本程序力图在英文语音片段中间,加入若干中文语音片段,实现英文、中文语音片段的交替播放,便于理解英文语音的含义。

程序编写的难点在于英汉语音片段的制作,如果在英文语音片段中插入相应的汉语语音解释片段,将有助于我们听力的学习。英汉语音合成片段制作的原理非常简单:

① 制作若干英文语音片段,通常是将一个较长的语音片段分割为若干较短的语音片段。

② 与分割完成的英文语音片段相对应,分别制作相应的中文解释语音片段,中文语音解释片段既可以从其他语音文件中截取,也可以自己朗读生成。

③ 新建一个语音片段,按照一个英文语音片段、一个中文语音解释片段的顺序逐对将英汉语音片段全部插入到新建语音片段中。在插入语音片段时,应注意插入位置,可采用鼠标点击方式确定合理的插入位置。

采用上述流程,可以将一个纯英文语音文件改造成英汉语音合成的新文件,然后设置相应的播放方式即可。

爸爸:"英汉语音合成的原理很简单,这里我们就不设计案例了,你就自己试着去做吧!"

浩浩:"嗯.'点读机'和'英汉语音合成'的确很简单,唯一复杂的地方就是分割声音片段和组合声音片段。我感觉Scratch提供的声音编辑功能很酷,不但能把声音分开,还能把不同的声音片段组合起来,形成很酷的声音播放效果。"

爸爸:"哈哈,不但能分割和组合声音,还能为声音美容呢!点击'主功能切换标签区'中的'声音'标签,Scratch将会切换到声音编辑界面,点击其中的'效果'下拉菜单,就能为声音添加各种效果了,从而实现声音的美容。"

学习小结:利用Scratch提供的声音编辑功能,可使声音不仅能听,而且能看,更重要的是还能对声音进行修改。

结束篇——学习的收获

爸爸:"儿子,通过这段时间的编程学习,你有什么收获?"

浩浩:"收获很大呀!原来我只关心与游戏有关的程序,对于编程的认识还比较肤浅,认为只要把漂亮的程序界面做出来,并且能够控制游戏人物的动作就可以了。而这对于学习编程来说,真是太基础了。"

爸爸接着问道:"那现在怎么想呢?"

浩浩:"程序就像是一个小机器人,它能为我们做很多事情,比如计算复杂的数学问题、巩固英语单词的记忆、丰富语文知识的表现形式,而做游戏只是编程的一个方面。"

浩浩接着说:"爸爸,你这种把编程学习和课程学习结合起来的方法真是太妙了!不但使我对编程有了更深的认识,而且还提高了我对课程学习的兴趣,真是一举两得呀!"

爸爸总结说:"编程是一项综合性非常强的活动,不但需要我们掌握编程技术,还需要我们掌握大量编程之外的知识。更为重要的是,编程还能磨炼我们不怕困难、不达目的不罢休的意志。"

爸爸最后感慨道:"我记得有好几次,程序没有出现我们所希望的效果,你总是能够咬紧牙关、全身心地去分析原因,甚至把吃饭时间都耽误了。我想,这种坚韧不拔的'编程精神'将会使你的内心变得更强大，敢于迎接各种困难的挑战！"

编程精神1：团队协作精神

一款优秀的程序不只是由各种程序模块指令组成的，而且还包括精美的图画、动听的音乐、有趣的故事情节等要素。显然，一个人是无法胜任所有工作的，所以需要一个团队——一个人才济济、各司其职、团结进取的团队。

想想Scratch编程软件中的声音功能、造型功能，以及一个个有趣的程序案例吧，是不是体现出了团队协作精神呢？

编程精神2：追求极致精神

世界上没有最好的程序，只有不断完善和发展的程序。这种追求极致的编程精神，将会使我们始终保持一种谦虚好学的心态，使我们的知识储备变得越来越丰富。

本书在很多程序案例后都提出了程序进一步改进的建议，是不是就是在告诉你"本程序还不完善"呢？

编程精神3：勇于创新精神

在程序员眼中，没有能解决与不能解决的问题，只有合理与不合理的问题。对于程序员来说，只要该问题在原理上能够解决，那就能编写出相应的程序。只要肯开动脑筋，敢想、敢试、敢创新，那就没有解决不了的问题，因为办法总比问题多！

就像本书中的"摄像头监控"程序，虽然问题很多，但解决问题的方法也很多呀！